锻炼思维的
侦探推理游戏

洪波 /编著

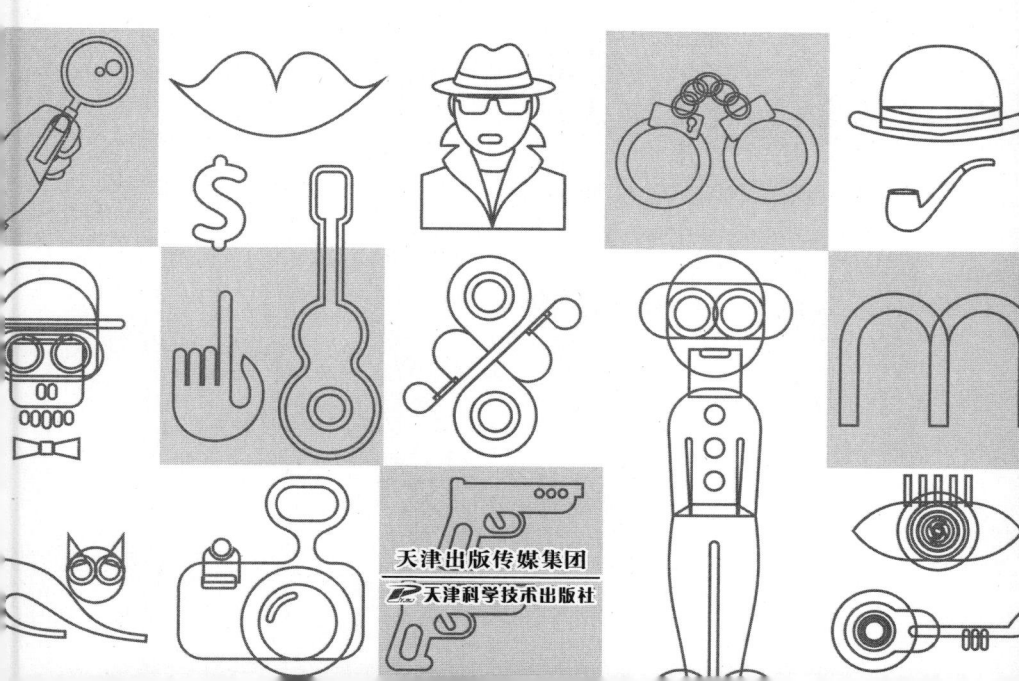

天津出版传媒集团
天津科学技术出版社

图书在版编目（CIP）数据

锻炼思维的侦探推理游戏 / 洪波编著 . -- 天津：天津科学技术出版社, 2021.7
　ISBN 978-7-5576-9185-1

Ⅰ . ①锻… Ⅱ . ①洪… Ⅲ . ①智力游戏 Ⅳ . ① G898.2

中国版本图书馆 CIP 数据核字（2021）第 079709 号

锻炼思维的侦探推理游戏
DUANLIAN SIWEI DE ZHENTAN TUILI YOUXI

| 策 划 人：杨　讓 |
| 责任编辑：马　悦 |
| 责任印制：兰　毅 |

出　　版：	天津出版传媒集团
	天津科学技术出版社
地　　址：	天津市西康路 35 号
邮　　编：	300051
电　　话：	（022）23332490
网　　址：	www.tjkjcbs.com.cn
发　　行：	新华书店经销
印　　刷：	北京市松源印刷有限公司

开本 880×1 230　1/32　印张 8　字数 185 000
2021 年 7 月第 1 版第 1 次印刷
定价：36.00 元

P R E F A C E　　前 言

　　如果将人类的全部能力比喻成一座冰山，我们已经开掘的，仅仅是冰山一角。假如能探测到水面下的冰山，那么无疑会使我们得到全面的提升。当今时代，竞争加剧，生活节奏不断加快，在这样的环境中，无论是渴望成为社会精英的莘莘学子，还是渴望在工作中寻求突破的上班族，具有一套科学完整的思维体系都至关重要。

　　侦探推理游戏是一种具有高度刺激性和挑战性的思维游戏，比推理小说更真实，比数独更有趣。它能够拓宽视野，启迪智慧，有目的地培养人的观察能力、分析能力、推理能力、创造能力和想象力，对锻炼人的思维大有益处。多做侦探推理游戏，可以最大限度地激发潜能，提高智商，让你无论是在学习还是工作、生活中，都能轻松应对。

　　本书中的每一个游戏都惊险曲折，扣人心弦，融知识性、趣味性于一体。案例内容涵盖面广，触及生活的方方

面面；配以数十幅炫酷插图和"侦探小助理"游戏表格，让你更身临其境，从而有效地协助"破案"。犀利的目光、敏锐的职业感觉、超出常人的胆识、严谨的案例分析、精妙的逻辑推理……这些"大侦探"所具有的优点和能力，体现在每一个案件的侦破过程中，每个案情都让人回味无穷。阅读本书，会让你大过一把侦探瘾，在这里，你就是柯南、福尔摩斯、波洛的化身，面对扑朔迷离的案情，你可以根据故事中提供的蛛丝马迹，运用逆向思维、发散思维、创造性思维等，通过正确的逻辑推理，再加上一些知识、常识的积累，提出合乎情理的看法，然后是灵光一闪的豁然开朗，最后智破奇案。

　　这是一本让侦探迷和推理爱好者疯狂的游戏书。不论你是推理游戏玩家、逻辑高手，还是侦探小说迷，这本游戏书都会让你绞尽脑汁之余，大呼过瘾！能让你突破思维瓶颈，引发思维风暴，从而创造卓越人生。

　　特别提醒：本书案例均为虚构，请勿模仿！

目录

第一章 常识探案，揭开真相

1. 破译情报 ...002
2. 判断页码数 ...002
3. 调查局难题 ...003
4. 奇怪的钟表并不怪 ...003
5. 周末选择 ...004
6. 神秘的情报 ...005
7. 常客人数 ...005
8. 拿破仑的结论 ...006
9. 选择概率 ...007
10. 囚犯抓绿豆 ...007
11. 郊外露营跳舞的女孩有几个 ...008
12. 一起枪击事件 ...008
13. 车牌号是空的 ...009
14. 集中抓捕行动 ...010

15. 盗墓者的自首 ...010

16. 狡猾的罪犯 ...011

17. 打开保险柜 ...012

18. 肇事车号 ...012

19. 森林公园深处的凶情 ...013

20. 报警的数字 ...014

21. 匿藏赃物的小箱子 ...015

22. 奇异的钟声 ...017

23. 遗书上的签名 ...019

24. 玻璃上的冰 ...020

25. 雪夜目击 ...021

26. 瑞香花朵 ...022

27. 沙漠归来 ...023

28. 一个冷天里的冷玩笑 ...023

第二章　识破谎言，还原事实

29. 教练的谎言 ...026

30. 证言的破绽 ...027

31. 你在说谎 ...028

32. 是走错房间了吗 ...028

33. 管家在撒谎 ...029

34. 谁在撒谎 ...030
35. 抢钱的破绽 ...030
36. 被杀的女乐手 ...031
37. 识破伪证 ...032
38. 影子与谎言 ...033
39. 园艺家是个骗子 ...033
40. 水生动物研究所 ...034
41. 不想花钱买个谎言 ...035
42. 梅丽莎在撒谎 ...036
43. 背影与领结 ...037
44. 富孀报警 ...038
45. 嫌疑人答话 ...039
46. 警长的反问 ...039
47. 金网球俱乐部的一夜 ...040
48. 政府办公室被盗 ...041
49. 诚实国与说谎国 ...042
50. 报案的秘书 ...042
51. 雨中的帐篷 ...043
52. 胡同里的假案 ...045
53. 火炉上的烤肉 ...046
54. 撒谎的肯特 ...048
55. 一只大红的龙虾 ...049

第三章　锁定关键的蛛丝马迹

56. 指纹 ...052

57. 枪击案 ...054

58. 为何指控她 ...055

59. 小错误很致命 ...056

60. 可疑旅客 ...057

61. 一张照片引发的秘密 ...057

62. 使用伪钞的家伙 ...058

63. 谁把花踩坏了 ...059

64. 衣架上的大衣 ...060

65. 绑匪是谁 ...062

66. 无冤无仇 ...062

67. 逃犯与真凶 ...063

68. 集邮家 ...064

69. 墙上的假手印 ...065

70. 目击证人 ...066

71. 考卷里的错误 ...067

72. 完全不对的车子 ...068

73. 一个报案电话 ...069

74. 自杀的餐馆老板 ...070

75. 保密的措施不保密 ...071

76. 开具火葬证明 ...071

77. 遗书是伪造的 ...072

78. 可靠的证据 ...073

79. 雪地上的脚印 ...074

80. 重大发现 ...075

81. 不在场证明 ...075

82. 凶手的破绽 ...076

第四章　深入分析案情

83. 不翼而飞的赎金 ...078

84. 吞蛋送命 ...079

85. 凶器是什么 ...079

86. 凶器消失了 ...081

87. 手枪队护送宝马 ...081

88. 失踪的赎金 ...082

89. 引爆 ...082

90. 犯罪手法 ...083

91. 寡妇之死 ...084

92. 被偷得彻底的别墅 ...085

93. 工人偷运橡胶事件 ...085

94. 同样的剧情不同的结论 ...086

95. 警犬也会有失误 ...087

96. 古屋幽灵 ...088

97. 女窃贼 ...088

98. 酬金有诈 ...090

99. 瞬间逃窜的匪徒 ...091

100. 罪犯的阴谋 ...092

101. 凶手的作案手段 ...092

102. 时间观念很强的银行经理 ...093

103. 雪后脚印 ...094

104. 中毒 ...095

105. 滑雪场的凶案 ...095

106. 不可能发生的事 ...096

107. 硬币透露了案情 ...097

108. 狡诈的走私犯 ...098

109. 打破的水晶花瓶 ...099

110. 老虎的微笑 ...099

111. 没有消失的指纹 ...101

第五章　巧设玄机，机智周旋

112. 有人杀害了我的丈夫 ...104

113. 教授的凶杀案 ...105

114. 消声器坏了 ...106

115. 被窃的手提包 ...107

116. 不翼而飞的奔驰 ...110

117. 一根白色的细毛 ...112

118. 能说话的尸体 ...113

119. 树叶上的血迹 ...114

120. 桅杆上的白布 ...116

121. 一定是桩凶杀案 ...117

122. 巧留鞋印 ...118

123. 旅馆里的凶案 ...119

124. 不在现场 ...121

125. 小游艇上的凶案 ...121

126. 是巧合还是谋杀 ...123

127. 奇怪的密室杀人案 ...123

128. 被害人溺水死亡 ...124

129. 同事间的生死较量 ...125

130. 离奇死因 ...126

131. 酒店谋杀案 ...127

132. 主谋 ...127

133. 特工情报员遇害 ...128

134. 移花接木 ...129

135. 死亡与鲜花 ...129

136. 空姐被杀 ...130

137. 请专家来断案 ...130

138. 子弹会拐弯吗 ...131

139. 第二枪 ...131

140. 游船上的谋杀案 ...132

141. 阳台上的枪杀案 ...133

第六章　深度逻辑推理

142. 一片沉寂 ...136

143. 等鱼上钩 ...137

144. 寓所劫案 ...137

145. 不早不晚，正好七点 ...138

146. 一尊假香炉 ...139

147. 小福尔摩斯 ...141

148. 三个嫌疑人 ...142

149. 拿走了一颗珍珠 ...143

150. 藏珠宝的罐头 ...144

151. 那个人就是罪犯 ...145

152. 智寻窃贼 ...146

153. 警员与警长 ...148

154. 赃物藏在何处 ...148

155. 银行抢劫案 ...149

156. 谁是劫匪 ...150

157. 谍报员与定时炸弹 ...151

158. 大侦探罗波 ...152

159. 聪明的谍报员 ...154

160. 究竟发生了什么 ...156

161. 第一感觉 ...157

162. 摩尔的暗示 ...158

163. 老地质队员遇难 ...158

164. 聪明的警长 ...159

165. 粗心的警察 ...159

166. 凶手就是他 ...160

167. 哪一间房 ...161

168. 侦探波洛 ...162

第七章　另辟蹊径破疑案

169. 伪证据 ...164

170. 职员的话 ...165

171. 开庭审理 ...165

172. 伪造的现场 ...167

173. 报案破绽 ...168

174. 行李箱被窃案 ...170

175. 财会室起火案 ...171

176. 被冤枉的狗 ...172

177. 被淹死的人 ...173

178. 墙外树下 ...173

179. 谷底逃生 ...174

180. 皇帝、大臣与侍卫 ...175

181. 昏庸的皇帝 ...175

182. 被打翻的鱼缸 ...176

183. 勤快的表弟 ...177

184. 转危为安 ...179

185. 巧击德国侵略军 ...180

186. 蜘蛛告白 ...180

187. 巧过立交桥 ...181

188. 《圣经》阅读计划 ...183

189. 化学家的声明 ...183

190. 谁是匪首 ...185

191. 列车上的广播 ...186

192. 装哑取证 ...188

193. 设宴抓贼 ...189

194. 电话密码 ...192

195. 奇异的案情 ...193

196. 笔记本电脑不见了 ...195

197. 聪明的化妆师 ...196

198. "赌城"拉斯维加斯 ...198

199. 消夏的游客 ...198

200. 钢结构房间 ...200

201. 姑娘的手枪 ...200

答 案 ...201

第一章

常识探案，揭开真相

1. 破译情报

某军司令部截获一份秘密情报。经过初步破译得知，下月初，敌军的3个师团将兵分东西两路再次发动进攻。从东路进攻的部队人数为"ETWQ"，从西路进攻的部队人数为"FEFQ"，东西两路总兵力为"AWQQQ"，但到底是多少却无从得知。后来，苦思不得其解的密码竟然被一位数学老师破译了。

你知道数学老师是怎么破译的吗？

☆侦探小助理

讲述人	时间	地点	事件	侦查手段	证据及线索	关键点
某军	某天	司令部	截获一份情报，急待破译	物证、推理	东路部队人数为"ETWQ"，西路部队人数为"FEFQ"，两路总数为"AWQQQ"	人数

2. 判断页码数

警方查获了一家非法地下印刷厂，但非法印刷的书已经被罪犯抢先运走了。现场只留下了罪犯匆忙间没有带走的排印书上页码用的全部铅字，共计 2775 个。

警长根据这些铅字数码，马上算出了这本非法印制书的总页码。

你知道他是怎样算的吗？

3. 调查局难题

某调查局最近截取到一份恐怖分子发的密函（如右图所示），随即对其进行解密，从古罗马文化联想到古巴比伦文化，再到古埃及的符号，用各种各样的方法和假设都没能解开谜底。一天，一位新来的助手随手拿起这份密函，不到一分钟，新助手就告诉大家：这是一份类似于恶作剧的挑衅书，目的是转移调查局的视线。

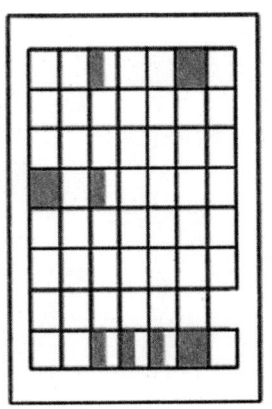

你知道这位新来的助手发现了什么吗？

4. 奇怪的钟表并不怪

帆帆的爸爸喜欢收藏一些稀奇古怪的东西。有一次，帆帆进入爸爸的书房，看到桌上的电子时钟显示 12 时 11 分。20 分钟后，他到爸爸的书房去，却看到时钟显示为 11 时 51 分。帆帆觉得很奇怪，40分钟后他又去看了一次钟，发现它这一次显示的是12时51分。这段时间没有人去碰这个时钟，爸爸又是用这个钟在看时间，这究竟是怎么回事呢？

☆ 侦探小助理

讲述人	时间	地点	事件	侦查手段	证据及线索	关键点
帆帆	某天	爸爸的书房	帆帆的爸爸有一个钟表很奇怪	分析、推理	钟表每次的时间	时间

5. 周末选择

城市的东边有一个游泳中心，城市的西边有一个网球中心。杨明语既爱好游泳，又爱好网球。每逢周末，他总站在地铁站面临着选择：去游泳呢，还是去打网球呢？最后他决定，如果朝东开的地铁先到，他就去游泳；如果朝西开的地铁先到，他就去打网球。

杨明语在周末到达地铁站的时间完全是任意的、随机的，没有任何规律，而无论是朝东开的地铁，还是朝西开的地铁，都是每10分钟一班，即运行的时间间隔都是10分钟。因此，杨明语认为，每次他去游泳还是去打网球，概率应该是一样的，正像扔一枚硬币，国徽面朝上和币值面朝上的概率一样。

一年下来，令杨明语百思不得其解的是：用上述方式选择的结果,他去游泳的次数占了90%以上,而去打网球的次数还不到10%!

你能对上述结果做出一个合理的解释吗?

6. 神秘的情报

一次,警察局从一个打入贩毒集团内部的警员那里,得到一份极重要的情报,情报上只有几个数字:710 57735 34 5509 51 036145。据说上面写下了关键人物及要害事件。但警察局上上下下都看不懂这些莫名其妙的记号,又不可能向打入对方内部的警员询问。正当一筹莫展之际,大侦探波罗前来警察局看望他的一个朋友,大家急忙向他请教。波罗稍加思索,便知道了这一重要情报的内容。

你能破译出来吗?

7. 常客人数

某天,警察局例行检查,言语十分不客气,于是商店服务员在回答"光顾商店的常客人数"时,这样回答:"我这里的常客啊,有一半是事业有成的中年男性,另外1/4是年轻上班族,1/7是在校的学生,1/12是警察,剩下的4个则是住在附近的老太太。"

试问,服务员所谓的常客究竟有多少人呢?

8. 拿破仑的结论

一次战斗结束后,有人报告拿破仑说,军需官坎普收了奥地利人的钱,给几个重要据点的士兵提供的军需用品数量都不对。

"竟然有这样通敌叛国的人!"拿破仑震怒了,他马上命令护卫把坎普带来,他要亲自审问。

"尊敬的统帅,我是被冤枉的!"坎普一把鼻涕一把泪地说:"我跟随您5年多了,怎么可能做吃里爬外的事情?我负责分发步枪手和霰弹手的子弹。步枪手用的子弹是1发和10发两种包装的;霰弹手用的子弹是100发和1000发两种包装的。我们有200个火力点,每个火力点都需要配发整整10000发子弹。我给每个火力点都配备了60袋不同包装的子弹,这些子弹的总数刚好是10000发!有些别有用心的人诬陷我,尊敬的统帅,您要辨明真情啊!"

拿破仑听完坎普的叙述,转头对随从说道:"如果他真给每个据点都配备了60袋不同包装的子弹,那么他即使没有徇私舞弊,至少也不是个合格的军需官。"

你知道拿破仑是怎样得出这个结论的吗?

☆侦探小助理

讲述人	时间	地点	事件	侦查手段	证据及线索	关键点
军需官坎普	一次战斗后	拿破仑的审讯室	坎普涉嫌徇私舞弊,军需品配备不对	分析、数学推理	每种枪支所配子弹比例不同	子弹

9. 选择概率

小王在街上遇到一个小赌局。那个设赌局的人面前放着3个小茶碗。他对小王说:"我要把一个玻璃球放在其中一个小碗中,然后你猜测它可能在哪个茶碗中。如果你猜对了,我就给你10元钱,如果你猜错了,就要给我5元钱。"小王同意了,他玩了一会儿,输了一些钱,这时他计算了一下,发现自己猜对的概率只有1/3,所以他不想玩了。

这时那个设赌局的人说:"这样吧,我们现在开始用新的方式赌,在你选择一个茶碗后,我会翻开另外一个空碗,这样,有玻璃球的碗肯定在剩下的两个碗中,你猜对的概率就大了一些。"小王认为这样他赢的概率就大多了,于是他继续赌下去,可怜的小王很快就输光了。

你知道这是怎么一回事吗?

10. 囚犯抓绿豆

5个囚犯分别按1~5号在装有100颗绿豆的麻袋里抓绿豆,规定每人至少抓一颗,而抓得最多和最少的人将被处死,而且,他们之间不能交流,但在抓的时候,可以摸出剩下的豆子数。

组织者讲解游戏规则:

5个囚犯的情况是这样的:

(1)他们都是很聪明的人;

（2）他们的原则是先求保命，再去多杀人；

（3）100颗不必都分完；

（4）若有重复的情况，则也算最大或最小，一并处死。

最后，谁能活下来？为什么？

11. 郊外露营跳舞的女孩有几个

有一次，米莉和很多人一起到郊外露营。晚上举行了盛大的篝火晚会，许多人手拉着手，围着篝火跳起了舞。米莉也在这个圆圈中跳舞。圆圈里，每个跳舞的人的两边都是两个性别相同的人。有一个细心的人，发现这个圆圈里有12个男孩。

请问，正在跳舞的女孩有几个？

12. 一起枪击事件

一天夜里，某小区发生了一起枪击事件，小区里的人都被吵醒了，只有4个人在醒来的第一时间看了表，他们分别是甲、乙、丙、丁。著名的查尔斯侦探正好住在这个小区的附近，他得知此案发生后，急忙赶到了现场。在勘查了现场之后，他找到了这4个看了表的人，并询问了他们，这4个人对于疑犯何时作案的时间，分别做了如下回答：

甲："我听到枪声是12时8分。"

乙："不会吧，应该是11时40分。"

丙:"我记得是 12 时 15 分。"

丁:"我的表是 11 时 53 分。"

作案的时间如此不一吗?其实,这是因为他们的手表都不准。一个人的手表慢 25 分钟,另一个人的手表快 10 分钟,还有一个快 3 分钟,最后一个慢 12 分钟。

请问:如何通过这 4 个不准确的时间来确定准确的作案时间?

☆侦探小助理

讲述人	时间	地点	事件	侦查手段	证据及线索	关键点
查尔斯侦探	一天夜里	某小区	发生一起枪击事件	分析、数学推理	4个人说的案发时间有早有晚,4块表的时间也有快有慢	时间

13. 车牌号是空的

一辆汽车肇事后逃跑了,警长柳多维克立即赶到了出事地点。

一位见证人说:"当时我通过后视镜发现自己车的后面有一辆车突然拐向小路,飞驶而去,就顺手记下了那辆车的车牌号。"柳多维克说:"那可能就是肇事的车,我马上叫警察搜捕这辆 18UA01 号车。"

几小时后,警察局告知柳多维克,见证人提供的车号 18UA01 是个空号。现在已把近似车号的车都找来了,有 18UA81 号、

18UA10 号、10AU81 号和 18AU01 号共 4 辆车。

柳多维克环顾了所有的车号，然后从 4 辆车中找出了那辆肇事车。请问是哪辆？

☆ 侦探小助理

讲述人	时间	地点	事件	侦查手段	证据及线索	关键点
一位见证人	某天	路上	一辆汽车肇事后逃逸	分析、推理	见证人通过后视镜看到后面肇事车车牌号为18UA01	后视镜

14. 集中抓捕行动

在一次集中的抓捕行动中，一名刑警紧追一名歹徒，就在刑警将要把罪犯抓捕归案的时候，歹徒跑到了一个正圆形的大湖旁边，跳上岸边唯一的一艘小船拼命地向对岸划过去。

刑警不甘心就这样让歹徒逃走，他骑上一辆自行车沿着湖边向对岸追去。现在知道刑警骑车的速度是歹徒划船速度的 2.5 倍。

请想想：在湖里面的歹徒还有逃脱的可能性吗？

15. 盗墓者的自首

一天，一个被警察追踪多年的盗墓者突然前来自首。他声称他偷来的 100 块壁画被他的 25 个手下偷走了。他说，这些人中最少的偷走了 1 块，最多的偷走了 9 块。他记不清这 25 人各自偷了多少块壁画，但可以肯定的是，他们都偷走了单数块壁画,没有人偷走双数块。他为警方提供了 25 个人的名字,条件是不要责罚他。警察答应了。

但是,当天下午,警长就下令将自首的盗墓者抓了起来。你知道这是为什么吗?

16. 狡猾的罪犯

警长抓住了一个特别狡猾的盗窃犯,把他交给了监狱长。监狱长将盗窃犯关在了监狱中最安全的牢房中,从未有人从这个牢房逃脱过。牢房是一条笔直长廊最里端的全封闭部分,外面有 5 道铁门,它们以不同的频率自动重复开启和关闭:第一道门每隔 1 分 45 秒自动开启和关闭一次;第二道门每隔 1 分 10 秒;第三道门每隔 2 分 55 秒;第四道门每隔 2 分 20 秒;第五道门每隔 35 秒自动开启和关闭一次。在某个时刻,5 道铁门会同时打开,也只有在这时警卫会出现在第五道铁门外,他将通过长廊查看盗窃犯是否在牢房内。如果盗窃犯离开牢房在长廊里待的时间超过 2 分 30 秒,警报器就会报警,警卫会闻讯赶来。

狡猾的盗窃犯能从牢房中逃脱吗?

☆ 侦探小助理

讲述人	时间	地点	事件	侦查手段	证据及线索	关键点
监狱长	某天	路上	监狱中最安全的牢房中	现场查看、推理	每扇门分别隔多长时间开门一次	门

17. 打开保险柜

一个小偷想要到某亿万富翁的家中去偷些钱，于是向师傅请教了打开保险柜的方法。师傅告诉他说："在开保险柜之前，首先要转动密
码锁里圈的数字盘，只有当里圈的数字与外圈的数字相加，每组数字之和都相同的时候，保险柜的门才会打开。"

在一个漆黑的夜晚，小偷溜进了富翁的家，很快就在地下室找到秘密保险柜。但是，小偷不擅长心算，在转动保险柜密码锁里圈的数字盘时，越算越糊涂，算了半天也没打开保险柜。

保险柜密码锁里圈数字盘上的数字依次是 3、7、12、8、10、9、6、5，外圈数字盘上的数字依次是 5、3、4、7、8、10、6、1。

现在，请你观察一下这些数字，当外圈的 5 和内圈的几对在一起时，里外的每组数之和才能都相同呢？

18. 肇事车号

一天早晨，在快速车道上发生一起车祸。一名路人被一辆超速行驶的汽车撞得在空中翻了半圈，司机肇事后马上加速逃走了。

当交通警察来后，扶起那名路人，却发现他没有受伤，而且他非常清楚地告诉警察肇事车辆的车号是：8619。

警方立即对这辆车展开调查，要逮捕肇事者，却发现这个号码的汽车确实有不在场的证明，肇事车不是这一辆。

你知道肇事后逃走的汽车车号究竟是多少吗？

☆侦探小助理

讲述人	时间	地点	事件	侦查手段	证据及线索	关键点
路人	一天早晨	快速车道上	一个路人被一辆超速行驶的汽车撞翻，司机肇事后逃逸	现场查看、推理	①路人说肇事车辆的车号为8619 ②路人当时在空中翻了半圈	8619

19. 森林公园深处的凶情

在森林公园的深处发现一辆高级的敞篷车，车上有少量树叶，一个老板模样的人死在车里。警方迅速封锁了现场。

"发现了什么线索？"警长问。

"法医估计已死亡两天。没有发现他杀的迹象，死者手边有氰化钾小瓶，所以初步认定是自杀。"

"有没有发现第三者的脚印？"

"没有。地面上落满了树叶，看不到什么脚印。"

"请大家再仔细搜查现场，排除自杀的主观印象。这不是自杀，而是他杀后移尸到这里的。估计罪犯离开不到一小时，他一定会留下马脚的。"大家又投入仔细搜查，果然发现了许多线索，追踪之下，当天便抓获了杀人犯。

请问：警长为什么认定不是自杀而且罪犯没有走远呢？

☆侦探小助理

讲述人	时间	地点	事件	侦查手段	证据及线索	关键点
警方	某天	森林公园深处的敞篷车里	一个老板模样的人死在车里	现场查看、推理	①车上有少量树叶②地面上落满树叶	树叶

20. 报警的数字

这天傍晚，比利夫人刚进家门，电话就响了。听筒内传来一个陌生男人的声音："你丈夫比利现在在我们手里。如果你希望他继续活下去，就快准备40万美金；你要是去报警，可别怪我们对比利不客气！"比利夫人听罢，险些瘫坐在地上。她思来想去一整夜，觉得还是应该去报警。

波特警长接到电话后，立即驾车来到比利的别墅。首先，他去询问管家。管家说："昨天晚上来了个戴墨镜的客人，他的帽檐压得很低，我没看清他的脸。看样子他和先生很熟，他一进来先生就把他领进了书房。过了1小时，我见书房里毫无动静，就推门进去，谁知屋里空无一人，窗子是开着的，我就给夫人打了电话。"

波特走进书房查看，没有发现什么线索。他又看了看窗外，只见泥地上有两行脚印，从窗台下一直延伸到别墅的后门外。

看来，绑匪是逼迫比利从后门走出去的，波特转回身又仔细看了看书房，发现书桌的台历上写着一串数字：7891011。波特警长想了想，问比利夫人："你丈夫有个叫加森（JASON）的朋友吗？"她点了点头，波特说："我断定加森就是绑匪。"果然，波特从加森家的地窖里救出了比利，加森因此锒铛入狱。

你知道波特为什么根据那串数字，就断定加森是绑匪吗？

21. 匿藏赃物的小箱子

夜晚，一个身手矫健的黑影趁门卫换岗的机会，溜进了一家民俗博物馆，盗走了大批的珍宝。

侦探阿密斯接受这个任务后，马不停蹄，迅速地把本市所有的珠宝店和古董店都调查了一遍，但一无所获，没有一点儿线索。

无奈，阿密斯找到了大名鼎鼎的探长斯密特向他请教。

"请问，假如你偷了东西，你会藏到珠宝店或者银行的保险箱里吗？"斯密特探长反问起来。

"哦，我当然不会。"阿密斯答道。

斯密特探长说："我说你不必费心了，不要到那些珠光宝气的地方去找，应到那些不起眼的地方走走。"

他们说着话来到了城边的贫民区。阿密斯一脸的疑惑："这里能找到破案的线索吗？"他表现在脸上，但嘴里没有说。这时，有一个瘦弱的青年从身后鬼鬼祟祟地闪了出来。他低声问：

"先生，要古董吗？价格很便宜。"

"有一点兴趣。"斯密特探长漫不经心，"带我去看一看。"

只见那个青年犹豫一下，斯密特马上补充了一句："我是一个古董收藏家，要是我喜欢的话，我会全部买下来的。"

那人听说是个大客户，就不再犹豫，带着他们走过了一个狭小的胡同，来到一个不大的制箱厂。在这里还有一个青年，在他面前堆满了从 1~100 编上数字的小箱子。

等在这里的青年和带路人交谈了几句，就取出了笔算了起来，他写道："××× + 396 = 824"。显然，第一个数字应该是 428，他打开 428 号箱子，取出了一只中世纪的精美金表。忽然，他看见了阿密斯腰间鼓着的像是短枪，吓得立刻把金表砸向阿密斯，转身就跑。阿密斯一躲，再去追也没有追上，就马上返回了。

斯密特探长立刻对带路人进行了审讯。

"我什么也不知道。"带路人看着威严的警察，"我是帮工的，拉一个客户给我 100 美元。"

"还有呢？"斯密特探长追问。

"我只知道东西放在 10 个箱子里，他说过这些箱子都有联系而且都是 400 多号的……"

"联系？"斯密特探长琢磨起来。接着，他发现一个有趣的现象：把 428 这个数字的不同数位换一换位置，就是 824，这就是说，其他的数字也有同样的规律！斯密特探长不用 1 分钟就找到了答案。

斯密特探长是怎样找到答案的呢？

22. 奇异的钟声

夜半时分，突然，一个黑影蹿到了山村的一个小卖店门前。黑影掏出尖刀，轻轻拨开了门闩。

更夫李大伯蒙眬中听见外面有动静，忙摸黑爬起来。就在这时，他脑袋上重重地挨了两棍子，"扑通"一声摔倒在地上。

歹徒把这个小卖店洗劫一空，扬长而去。就在歹徒逃离现场的时候，李大伯苏醒过来。他想爬起来，但身体已被歹徒绑在了木椅上；他想喊人，但嘴里被塞上了毛巾。他后悔自己警惕性不高，打更的时候睡觉。可是已经晚了，他连气带疼又昏过去了。

清晨，有人路过这里，看见店门大开，小卖店被盗，急忙报告了乡派出所。

派出所所长老洪和民警小许迅速赶到了案发现场。李大伯的伤不算太重，这时神志已经清醒了许多。老洪对小许说："我去勘查一下现场，你先在这里向李大伯询问一下案发的情况。"

老洪来到营业室，仔细地查看着。可是一无所获，犯罪分子太狡猾了，一个指纹也没有留下，脚印也不知用什么东西清扫掉了。

小许正在屋子里与李大伯谈话。

"案发在什么时候？"

"不知道。"

"您什么时候惊醒的呢？"

"不知道。"

"犯罪分子长得什么样呢？"

"不知道。"

小许见李大伯一问三不知，有些不耐烦地问道："那您都知道些什么呢！"

李大伯满脸通红，不好意思地低下头。

"当当当……"墙上响起了钟声。

听到钟声，李大伯忽然想起了什么，惊呼道："有了，我知道那小子什么时候逃跑的了。"他眯缝起眼睛回忆说："那小子走的时候，可能是怕我报案，把我往椅子上绑。他那么一折腾，把我弄醒了。我虽然什么也没看清，但我听到了钟响。"

"响了几声？"

"4声。"

"太好了！这说明犯罪分子是四点钟逃离现场的。"

小许高兴地刚要出去喊老洪，却又被李大伯叫住了。

"不对，不是四点钟，而是4声钟响。"

"4声钟响，不就是四点钟吗？"

"那不是连续的，都是隔了一段时间才听了一声。"

"间隔的时间一样长吗？"

"是的。"

"那是几点呢？"小许忽然想出了个主意，他把墙上的挂钟摘下来，做起了模拟实验。可除了四点钟以外，再也找不出间隔时间相同的4下钟声。他又问李大伯："您记错了吧！你看这钟只能打出间隔的3下钟声，那是12时30分一声，1点钟一声，1时30一声，再也不能比这多一声了。"

"是啊，这是怎么回事呢？"李大伯也感到莫名其妙，但他还是坚持相信自己没有听错。

这时，老洪进来了。听他们把4声钟响的事一说，老洪马上明白了，立即对小许说："我知道犯罪分子是什么时间逃离现场的了。现在我们应该马上查清，所有嫌疑人半夜十二点钟在干什么？"

果然，按此时间排队查人，很快就抓住了犯罪分子。

根据老洪的推断，犯罪分子逃离现场的时间，是在半夜十二点。那么4声钟响又是怎么回事呢？

☆**侦探小助理**

讲述人	时间	地点	事件	侦查手段	证据及线索	关键点
更夫	夜半时分	山村小卖店	小卖店被歹徒洗劫一空，更夫李大伯被绑	证词、推理	4声钟响	钟声

23. 遗书上的签名

杰克是一个职业杀手，这一次，他受雇谋杀一位百万富翁。雇主要求杰克在杀死富翁后，把现场伪装成自杀的模样。他还

给杰克准备好了一张纸,上面有富翁的亲笔签名,好让杰克在杀死富翁之后,伪造出一份遗书。

一天深夜,杰克潜入富翁的家,开枪打死了他。然后,杰克把手枪塞在富翁的右手,把那张纸塞进了屋里的打字机,伪造了一份遗书,然后满意地离开了。在整个过程中,他一直戴着橡胶手套,因此不担心有指纹留下。

第二天,清洁女工发现了富翁的尸体,立刻报了案。警方在现场勘查后,判定这是一宗谋杀案。警方认为,虽然遗书上的签名确实是富翁的亲笔签名,但上面的文字却并非他本人所打。

请问:警方是怎么知道这一点的呢?

24. 玻璃上的冰

乔治先生是位考古学家,独自住在郊外的别墅里。他每年都有好几个月在外工作,不在家的时候,就委托邻居波尔帮他照看房子。

这一天早晨,乔治远道归来,波尔急忙跑来告诉他,前一天夜里他家被盗了。家里已被翻得乱七八糟,经过清点,发现丢失了几件价值昂贵的古玩和一大笔钱。乔治便请来沃克警长。

沃克警长向波尔了解失窃情况。

波尔说:"昨天夜里我听见乔治家里有响动,便起来看看出了什么事。我走到别墅窗边,玻璃上结了一层厚厚的冰,什么也看不清。我便朝玻璃上哈了几口热气,这才看清屋里有个男人在翻箱倒柜。我冲进去与他搏斗,但盗贼很狡猾,还是让他给溜走了……"

"够了!"沃克突然厉声打断了他的话,"你的把戏该收场了!波尔先生,你就是小偷!"

这是怎么回事呢?

☆侦探小助理

讲述人	时间	地点	事件	侦查手段	证据及线索	关键点
波尔	一天早晨	乔治先生郊外的别墅	波尔替乔治看房,房子被盗	现场查看、分析	①波尔称窗户玻璃上结了一层厚厚的冰②他朝玻璃上哈了几口气,看清了屋里的情况	玻璃

25. 雪夜目击

杰克探长刚回到家里,电话铃就响了,他拿起话筒,传来了一位警察的声音:"喂,是探长吧,请您速来警察局。"

半个小时之后,探长来到了警察局,径直走进警长办公室。

警长神色忧郁地说:"夜里十一点,小门街发生了一起事故,也许是谋杀案。一个人从楼顶上栽了下来,有位现场目击者一口咬定死者是自己摔下来的,他周围没有一个人。"

探长点点头，说："我们先去看看现场，见见那位证人。"

一会儿，他们来到现场，目击者被找来了，探长请他再叙述一遍他见到的情景。

目击者说："因为天下着大雪，我便在附近的一家餐馆里足足坐了两个半小时，当我离开时，正好是夜里十一点，大街上没有一个行人。我直接跑进自己的车里，就在这时，我看到楼顶上站着一个人，他犹豫片刻，就跳了下来。"

探长紧紧盯住目击者，语调冷冷地说："你不是同伙，就是凶手给了你一大笔钱而说了谎话！"

目击者一听，顿时脸变得煞白。

探长是怎样识破目击者的谎言的？

26. 瑞香花朵

格林太太花了很多年种植一种名贵的灌木植物——瑞香。这种植物能开出十分美丽的花朵，而且由于非常耐旱，特别适合在当地种植。自然，这些瑞香也是格林太太最心爱的宝贝。

这天，格林太太准备外出度假一个月。让她头疼的是，她需要有人照料她的花园。最后她决定请同事卡罗尔小姐帮帮忙。格林太太告诉卡罗尔小姐要特别当心这些名贵的瑞香。

当格林太太度假回来时，她正好看见卡罗尔小姐在花园里，旁边站着许多警察，而那些名贵的瑞香却不见了。卡罗尔告诉警察，一定是有人偷走了它们，因为头一天晚上她还看到过这些瑞香。格林太太听到卡罗尔在对警察说，这一个月里，她一直在照料这些植物，每天都给它们浇水，所以它们显得比原先更美丽了。

格林太太冲进花园，打断了卡罗尔小姐的话。她对警察说："卡罗尔小姐在撒谎！你们要仔细审问审问她。"

格林太太为什么这么肯定？

27. 沙漠归来

在酒吧，侦探霍恩遇见一个满头金发、面孔黝黑的青年在大谈生意经："昨天我才从沙漠地带回来，洗尽一身尘垢，刮去长了好几个月的络腮胡子，修剪好蓬乱的头发，美美地睡了一夜。最值得庆幸的是，我的化验分析报告证实，那片沙漠地带有个储量丰富的金矿。假如有谁愿意对这有利可图的项目投资的话，请到210号房间，这儿不便细谈。"

霍恩端详着他那古铜色的下巴，讪笑着说："你若想骗傻瓜的钱，最好把故事编得好一点！"

试问，霍恩为什么会这样讲？

28. 一个冷天里的冷玩笑

波洛从他的"甲壳虫"汽车上下来，走过弗朗西斯·威廉姆斯小姐那辆结满了冰的小汽车，走上了那条干净整洁但却满是积雪的车道。白天下了一整天的暴风雪，一个小时前雪才终于停了下来。波洛很小心地沿着结冰的台阶走向房门。这是一幢很小的房子，没有车库，院子也很小。

听到门铃，弗朗西斯打开了门，让他进去。"外面冷极了。"他说。

"是啊！也许你会以为，对于偷东西的贼来说，这天气实在是太冷了。"她回答道。

"告诉我，弗朗西斯，你究竟是怎么失窃的？"波洛问。

"噢，我5分钟之前刚刚回家。一进门，我就发现家里的保险柜被打开了。"她一边说，一边指给他看墙上那个被打开的保险柜，"我立刻冲到电话机旁边，打电话给你。你来得这么快，我非常高兴。"

"啊，在这么寒冷的晚上，我们肯定能够找到一些线索。"波洛笑着说道。

"波洛先生，我刚刚有很多首饰失窃了。我可不认为现在是开玩笑的好时间。"弗朗西斯说。

"对于你的话，我百分之百地表示赞同。所以，你能不能告诉我，为什么要在这么冷的天把我叫来开这么一个玩笑呢，威廉姆斯小姐？"大侦探反问道。

波洛为什么不相信威廉姆斯小姐说的话呢？

第二章

识破谎言,还原事实

29. 教练的谎言

某日深夜，游泳馆外的路上发生一起拦路抢劫杀人案，游泳馆内跳水队的教练说自己目睹了全过程。

这位教练是退役的跳水运动员，他报称：案发现场离他住宿的房间阳台约 50 米，当时他正巧站在阳台上，他看见凶手是个理小平头的青年，月光下可看到青年右眼眼睑有一道疤痕。

于是，游泳馆附近有相似特征的青年王涛被传讯。警方在秘密搜查他家时起获一把与受害人伤口相吻合的大号弹簧刀，可王涛坚决不承认做过此案，并大呼冤枉。

久审不下之后，侦察员对教练的证词重新进行了研究，终于恍然大悟，原来教练才是真正的凶手。

侦察员发现了教练的什么疑点？

☆侦探小助理

讲述人	时间	地点	事件	侦查手段	证据及线索	关键点
跳水教练	深夜	游泳馆外的路上	一起拦路抢劫杀人案	推理、分析	①目击者教练房间阳台距案发现场有50米 ②教练认定的凶手坚决不承认做过此案	证词

30. 证言的破绽

在一辆列车上，500万元待销毁的旧纸币被抢劫一空。案发时间是后半夜两点左右。负责押运的安全员托尼头被打破，脸被划伤。经验丰富的唐纳警官奉命查看案发现场，在案发的第四节8号包厢里，除发现两支吸了一半的香烟外，再没有其他任何可疑迹象。

唐纳询问案发时的情况，托尼说："我从登上列车就没跨出包厢的门，饭和水都是列车员送来的。后半夜两点左右，忽然有两个人闯了进来，他们一高一矮，戴着面具，只露出眼睛。他们手上戴着手套，没等我开口，那个高个子就一拳把我打倒在地，用枪抵住我，将我打昏。等我醒来时，发现钱箱不见了。我立刻高声大喊，向列车长汇报并报了警。"

唐纳听完之后，拿起那两个烟头问道："这是你抽的吗？"

"不，是他们抽的。他俩进来时每人嘴里叼着一支香烟。"

"很好！这两个烟头会给捉拿案犯提供有力证据。"唐纳说完又问道，"那么你脸上的划伤是怎么回事？"托尼答道："这是高个子强盗打我时他手上的戒指划破的。"

唐纳听完，立刻将托尼抓了起来，并说出了原因，托尼只得乖乖地低下头认罪。

唐纳认定托尼就是劫匪的依据是什么？

31. 你在说谎

一天晚上,张先生在家看书,突然被人用棒球的球棒从背后袭击身亡。书桌上的一盏台灯亮着,窗户紧闭。

当时报案的是住在对面公寓里的刘某。他向赶到现场的警方所做的说明是这样的:"当我从房间向外看时,无意间发现张先生书房的窗口有个影子高举着木棍,我感觉不妙,所以赶紧给你们打电话。"

听后,聪明的警察却说:"你在说谎。"说罢便将刘某逮捕归案。

为什么警察会断定刘某是在说谎呢?

☆ 侦探小助理

讲述人	时间	地点	事件	侦查手段	证据及线索	关键点
刘某	一天晚上	张先生家	张先生被人用棒球的球棒袭击身亡	推理、分析	①刘某住在张先生家对面公寓②他从张先生书房的窗口看到凶手的影子	影子

32. 是走错房间了吗

夏威夷是一个美丽的地方,来这里度假旅游的人络绎不绝。

多里警长今年也来这里度假,他住在海边一家四层楼的宾馆里。这家宾馆3、4两层全是单人间,他住在404房。

这天,游玩了一天的多里草草地吃了晚餐便回到房间,他想洗个热水澡,早点休息。正当他走进浴室准备放水时,听到了两声"笃笃"的敲门声,多里以为是敲别人的房门,没有理会。一会儿一位陌生的小伙子推开房门,悄悄地走了进来。原来多里的房门没有锁好。

小伙子看到多里后有些惊慌,但很快反应了过来,彬彬有礼地说:"对不起!我走错房间了,我住304。"说着他摊开手中的钥匙让多里看,以此证明他没有说谎。多里笑了笑说:"没关系,这是常有的事儿。"

小伙子走后,多里马上给宾馆保安部打电话:"请立即搜查304房的客人,他正在4楼作案。"

保安人员迅速赶到4楼,抓到了正在行窃的那个小伙子,并从他身上和房间里搜出了首饰、皮包、证件、大笔现钞和他自己配制的钥匙。

保安人员不解地问多里:"警长先生,您怎么知道他是窃贼?"你知道这是怎么回事吗?

33. 管家在撒谎

侦探波洛来到了一个自杀案的现场,死者是百万富翁斯诺先生。从现场情况看,他是在自家的阁楼上,用一根带子和一个小凳子上吊而死的。唯一的目击者是斯诺先生的管家。他说:"那会儿我正在屋外收拾东西,无意中抬起头透过阁楼上的小窗户,看见主人正在踢倒凳子。我就赶紧打电话报了警。"

波洛立刻知道，管家在撒谎。为什么呢？

34. 谁在撒谎

一艘日本货船在航行。船长离开房间5分钟，抽屉里的钱就不见了。船长想，平时只有大副、二副、三副进来，便去找他们。

他问大副："请问，你刚才到我房间去过吗？"大副说："我送报表去，见你不在房间，我就走了。"二副迎面向船长走来，说："我刚才看见你的抽屉开着，正要找你报告呢。"船长问三副，三副说："5分钟前我在船尾。"船长问："谁证明？"三副说："没有。我看见我们国家的国旗挂倒了，就爬上去挂正了。"

船长抬头看看国旗，断定三副在说谎，要他把偷的钱交出来。在事实面前，三副只好认罪。

船长为什么断定是他偷的钱呢？

☆侦探小助理

讲述人	时间	地点	事件	侦查手段	证据及线索	关键点
船长	某天	一艘日本货船上	船长房间抽屉里的钱不见了	推理、分析	①3个副手中的一个说了谎②三副说曾去正过国旗	国旗

35. 抢钱的破绽

一名女出纳员拎着一个空手提包向民警报案："我叫夏扬，

是远华进出口公司的出纳员。上午 9 点钟,我去市农业银行取了 10 万元人民币放进手提包里,当我走到十字街口的时候,一个骑摩托车的歹徒,突然停在我身边,狠狠地打了我一拳,我头一晕,倒在了地上,当我醒来时,手提包里的 10 万元人民币就不见了。"

听完夏扬的叙述,民警冷笑一声,说:"小姐,你涉嫌作案,请跟我们到公安局去。"

在公安局,夏扬不得不交代了她同男友作案的过程。

请问:民警是根据什么断定夏扬作案的?

☆侦探小助理

讲述人	时间	地点	事件	侦查手段	证据及线索	关键点
女出纳员夏扬	上午9点	十字街口	手提包里装的10万元人民币被抢	推理、分析	①夏扬报案说手提包里的10万元人民币被抢②她报案时拎着一个空手提包	手提包

36. 被杀的女乐手

女乐手苏姗躺在一辆红色的小轿车里,身中两弹:第一颗子弹从右大腿穿过,在黑色的紧身裙上留下了一大块血迹;第二颗子弹是致命伤,射穿了她的胸部。车子就停在她的住宅门口,车内还有一把大提琴。

据洛克探长推断,她遇害的时候应该是在晚上 8 点左右,离她在国家音乐厅的演出时间仅差半个小时。

警方分别取得了 3 个人的证词。发现尸体的房东太太说:

"苏姗打算出席音乐会但不参加演奏，因为她与邦德（乐队里的一个同事）闹翻了。为此，她一个星期没有练琴，那把琴一直搁在车上没动过。"

邦德坚持说他与苏姗已和好，而且她答应参加演出并约定像以往那样8时10分驾车去接他，然后一起去音乐厅。但他空等了一场。

乐队指挥杰森说，苏姗能在不排练的情况下出色地演奏，是因为音乐会的曲目已反复上演过多次。

听完三份证词后，洛克探长立即判断出谁在撒谎。你猜到了吗？

☆ **侦探小助理**

讲述人	时间	地点	事件	侦查手段	证据及线索	关键点
洛克探长	晚上8点	一辆红色的小轿车里	女乐手苏姗身中两弹而亡	现场查看、分析	①3个人中的一个说了谎②苏姗死时身穿黑色的紧身裙③邦德说苏姗曾答应驾车去接他，一起去参加演出	紧身裙

37. 识破伪证

一天，桥下河里浮起一个被淹死的女孩的尸体，对于这个女孩，周围的人一无所知。警察为侦破这个案子一筹莫展。

这时，有个男人划着小船急速地由前面向桥下驶过来。他向警察提供了这样的证词："刚才我向桥下划来时，确实亲眼看见这个女孩在桥上脱下帽子，随后跳下了河。"

看着这个男人满脸憨厚，语句真切，周围的人一下子全都相信了，纷纷议论起来。

可是精明的警察一下子就识破了这个男人的谎言。

请问，警察是怎样判断出来的？

☆侦探小助理

讲述人	时间	地点	事件	侦查手段	证据及线索	关键点
目击者	某天	桥下的河里	河里浮起一具女孩尸体	现场查看、分析	①目击者划着小船由前面向桥下驶来 ②他说刚才向桥下划来时亲眼看见女孩跳河	船驶来的方向

38. 影子与谎言

道格拉斯先生租住在一所简易寓所中，寓所有三间平房，每两间房之间都用纸糊的隔屏隔开，每间房当中的屋顶上都分别安装了一盏电灯，道格拉斯住在中间的房间里。他因为一起案件受到警方怀疑，关键之处在于，晚上九点半时，他是否一个人在屋里。道格拉斯一口咬定自己一个人在房间，两边的房客也分别说，那个时间，的确在隔屏上只看到一个人影。

听了这些说法，警察马上认定道格拉斯说谎了，警察是依据什么做出判断的呢？

39. 园艺家是个骗子

"我要发财了！"约翰高兴地告诉他的朋友波洛侦探，"我刚认识了一位园艺家。他说只要我肯出5000美元，他就卖给我一盆花。这种花叫球茎紫丁香，它可是世界上极其罕见的一年生植物。"

约翰兴致勃勃地说："那位园艺家告诉我，每年这盆植物开花结果之后，我都可以把它的种子拿去出售。由于这种植物十分罕见，肯定能卖出大价钱。"

"省省吧。"波洛打断了他的话，"这个园艺家是个骗子。"

波洛是怎么知道的？

40. 水生动物研究所

在大洋某处海底深40米的地方，有一个水生动物研究所，专门研究海豚和鲸的生活习性。研究所里有主任高森和三个助手：清江、岛根和江山。那里的水压相当于5个标准大气压。

一天，吃过午饭，三个助手穿上潜水衣，分头到海洋中去工作。下午1时50分左右，陆地上的武滕来到研究所拜访，一进门，他惊恐地看到高森满身血迹地躺在地上，已经死去。

警察到现场调查，发现高森是被人枪杀的，作案时间在一点左右。据分析，凶手就是这三个助手其中之一。

可是三个助手都说自己在12时40分左右就离开了研究所。

清江说："我离开后大约游了15分钟，来到一艘沉船附近，观察到一群海豚。"

岛根说："我同往常一样，到离这里10分钟左右路程的海底火山那里去了。回来时在一点左右,看见清江在沉船旁边。"

江山说:"我离开研究所后,就游上陆地,到地面时大约 12 时 55 分。当时增川小姐在陆地办公室里,我俩一直聊天。"

听了三个助手的话,警察说:"你们之中有一个说谎者,他隐瞒了枪杀高森的罪行。"

你能推理出谁是说谎者吗,为什么?

☆侦探小助理

讲述人	时间	地点	事件	侦查手段	证据及线索	关键点
警察	某天	海底深40米处的水生动物研究所	主任高森被杀	推理、分析	①3个助手中的一个说了谎②研究所那里的水压相当于5个标准大气压	作案时间

41. 不想花钱买个谎言

一天,海尔丁博士认识的英国商人蒂尔福领着一个健壮结实的年轻人走了进来。

只见这个年轻人穿着一件平整合体的衣服,虽然很旧,倒还清洁,只是有的地方已磨破了,左脚的鞋子也有了个大洞。

蒂尔福对海尔丁介绍说:"来见见肯特先生吧。他发明的强身法宝可以使人很快地强壮有力!"

蒂尔福说完,肯特马上扑在地板上一起一伏地做起俯卧撑来了。然后他又脱光上衣,向海尔丁展示他身上大块大块令人羡慕的肌肉。

蒂尔福继续向海尔丁介绍说："你能相信他在7个月里就长了这么一身硬邦邦的肌肉，体重增加了30公斤吗？这可不是天方夜谭。他发现了一个秘密，一种高蛋白食品配方，如果再加上适当的运动……"

"你们现在还需要一笔钱来推销这个配方，请问我猜得对吧？"海尔丁沉思着说。

蒂尔福叹了口气说："正是这样。你看看，肯特把他的全部家当都用在试验他的秘密配方上了。瞧，他的外套都是两年前买的，皮鞋也早已不能穿了。而我，说实话，现在也没钱，不然我早就掏钱帮他了。我们只需要1.5万英镑，而你会从中发大财的！"

海尔丁摇摇头说："我这辈子还不想花钱买个谎言。"

请问：海尔丁为什么这样说呢？

42. 梅丽莎在撒谎

这是一个气温超过34℃的炎热夏天，一列火车刚刚到站。女侦探麦琪站在月台，听到背后有人在叫她："麦琪小姐，你要去旅行吗？"

叫她的人是她正在侦查的一件案子的当事人梅丽莎。

"不，我是来接人的。"麦琪回答。

"真巧，我也是来接人的，已经等了好久了。"梅丽莎说。说着，她从手提包里掏出一块巧克力，掰了一半递给麦琪："还没吃午饭吧？来点巧克力。"

麦琪接过来放到嘴里。巧克力硬邦邦的。这时，麦琪突然想到什么，厉声对梅丽莎说："你为什么要撒谎，为什么要骗我说你也是来接人的？"

梅丽莎被她这么一问，脸色也变红了。但她仍想抵赖，反问说："你凭什么说我撒谎？"

请你判断一下，麦琪凭什么断定梅丽莎在撒谎？

☆侦探小助理

讲述人	时间	地点	事件	侦查手段	证据及线索	关键点
梅丽莎	炎热夏天	火车站台	梅丽莎谎称自己来接人	现场查看、分析	①当时气温超过34℃②梅丽莎从包里掏出一块硬邦邦的巧克力	巧克力

43. 背影与领结

大街上，一个妇女正在大吵大闹。正巧一位警察经过这里。"发生了什么事？"警察问。

那人哭哭啼啼地对他说："我的钱包被人偷走了。我正在路上走着，突然一个男人从我身后跑过来，撞了我一下，走了。后来，我发现钱包丢了。"

"你看见他的长相和穿戴了吗？"

"我只看到了他的背影，没见到长相。好像是个年轻人，我记得他戴着一个黑色的领结。"

"你说的全是假话。"警察严厉地说。

警察是怎样判断出她在说假话的？

44. 富孀报警

独居市郊的富孀贝蒂夫人向警方报案，说在几小时前她在家中遭到抢劫。苏菲探长随即赶到她的寓所，听她叙述案发经过："我在天亮前的4点多钟回到家里，直接来到这间卧室，打开灯，从镜子里看到落地窗的窗帘上有个黑影，再回头一看，果真有个人站在窗帘后面，他的影子在月光下清楚地映在窗帘上，我吓得转身想跑，却感到后脑重重挨了一击，昏了过去。"

苏菲探长走到落地窗前，看到窗帘已经拉开，窗外树影婆娑，耀眼的太阳悬在前方上空，他不得不抬起一只手遮住刺眼的阳光。突然，他转身对贝蒂夫人说："根本没人躲在窗帘后面，你还是说实话吧！"

请问：苏菲探长是如何识破贝蒂夫人编造的谎言的？

☆侦探小助理

讲述人	时间	地点	事件	侦查手段	证据及线索	关键点
富孀贝蒂夫人	天亮前的4点多钟	贝蒂夫人家里	贝蒂夫人家中被抢劫	现场查看、推理	①贝蒂夫人称当时从镜子里看到落地窗的窗帘上有强盗的影子②苏菲探长在落地窗前看到太阳悬在前方上空	落地窗

45. 嫌疑人答话

在一个小镇，一条小河从东向西流过。一个月圆之夜，一桩谋杀案打破了小镇的平静。法医推算出案件应该发生在晚上九点左右，并且很快找到了嫌疑人，刑警立即对他进行审问。

"昨晚九点左右你在哪儿？"

"在河边与我的女朋友聊天。"

"你坐在哪边河岸？"

"在南岸。昨夜是满月，河面上映出的月亮真好看！"

"你说谎！罪犯就是你。"

请问，刑警的根据是什么？

46. 警长的反问

警长在旅馆附近的湖边思考问题。

天气很冷，达到了 -5℃。突然，一个浑身湿透的男子上气不接下气地向他跑来，喊道："先生！快去救救我的朋友吧！我们刚才在湖面上溜冰，冰面突然破裂，结果他掉了下去。我跳下去捞了半天，却什么都没捞着。"

警长赶紧回旅馆找警察帮忙。从旅馆到出事地点有1500米，等他们赶到那里时，只发现在裂洞旁边有一双溜冰鞋。那人解释说："当时我刚把鞋脱掉，毛毛说还要再玩一会儿。"警长说:"别再隐瞒了,谈谈你是怎么害死你的朋友的吧!"

这是怎么回事呢?

47. 金网球俱乐部的一夜

深夜,歹徒们把皇冠大街的路灯全部弄灭,随后撬门钻入金网球俱乐部,把俱乐部里珍贵的奖杯、奖品以及球拍等值钱的东西席卷一空。负责侦破此案的霍克探长正苦于没有任何线索,这时有个抱着毛茸茸的小猎狗的中年男子来找霍克探长,说他目睹了一切。

霍克探长朝他点点头,请他把看到的一切讲一遍。

"情况是这样的。午夜刚过,我的'拿破仑',"他指指膝上的小狗说,"呜呜直叫,吵得我不能安睡。我不得不带它出去溜达。当我走到皇冠大街时,前面黑乎乎的。我继续往前走……刚要转到爱神街时,发现一辆卡车停在俱乐部门前——"

"离你多远?"霍克探长打断了他的叙述。

目击者回忆了一下,回答道:"约100米,可以肯定,不会近于100米的。两个男子把许多东西从俱乐部里往外搬,放在卡车上,装满一车后,连车灯也没有打开,就悄悄开走了。"说着,他从口袋里取出一张纸片,"这是卡车的车牌号,我看见后马上记下的。我想你们会有用处的。"

霍克探长点点头,用一种令人捉摸不透的古怪神色,看看"拿破仑",又看看目击者,随后转身对副手说:"塞克,今晚这儿有空房间吗？"

"有。"塞克奇怪地瞧了瞧霍克探长。

"那好，你可以把这位先生和他的'拿破仑'关起来。不要怠慢这条小狗，给它喂点水。不管怎么说，狗是没有错的，而它的主人可是个非同寻常的见证人。"

目击者一听，顿时气愤得跳了起来："你……这是什么意思？"

霍克探长笑笑说："不管你是在瞎编，还是存心把我们引向歧途，你都不是一个诚实的人。"

请问：霍克探长为什么说目击者不是一个诚实的人？

48. 政府办公室被盗

某日晚，某市政府办公室被盗，探长接到报案后赶往现场，经过紧张的勘查和现场询问，他们把嫌疑人锁定为居住在附近的一位农夫。

探长询问农夫："昨天晚上发生了什么事情，你知道吗？"

农夫答道："啊，知道，政府办公室被盗了。可我一直在家没有出去，不能为你们提供更多的线索。"

探长又问："昨晚你在家做什么？"

农夫回答："家里养的十几只鸭子在孵蛋，我准备给小鸭子接生。"

你认为这位农夫的话是真的吗？

49. 诚实国与说谎国

一个岔路口分别通向诚实国和说谎国。诚实国的人永远说实话，说谎国的人永远说谎话。一个游客来到了岔路口，他要去诚实国，但不知道应该走哪条路。这时正好来了两个人，可是，这个游客并不知道他们是诚实国的还是说谎国的。不过，他稍加思索，问了一个巧妙的问题，得到了满意的答案。

请问：你知道这个问题是什么吗？

50. 报案的秘书

国际电子产品博览会，即将在东京举办，来参加博览会的，都是世界上著名的企业家。村井探长亲自负责保卫工作，他在机场和宾馆里，派出大批警察，荷枪实弹站岗，还有很多便衣警察，在暗中保护着贵宾。

博览会开幕前的一天晚上，警察局的报警电话响了，村井探长心头一震，原来，最担心的事情还是发生了！美国一家大公司的总经理赶来参加博览会，下午刚住进五星级大宾馆，就在卧室里被人杀害了。

村井探长赶到宾馆，在保安的带领下，来到死者的卧室。那是一间很大的套间，里面的设备和装潢非常豪华，墙壁上挂着昂贵的名画，地上铺着厚厚的土耳其驼毛地毯，很柔软，走在上面，几乎听不见脚步声。总经理倒在地毯上，后脑勺上有一个窟窿，流了很多血。桌子上有一部电话，话筒没有搁在电话机上，就扔在旁边。

这时，有一位年轻的女士走过来，哭着说："我是总经理的秘书，一小时前，我乘飞机到东京，下了飞机以后，马上和总经理通电话，正说着呢，听到话筒里总经理大叫一声，然后听到'扑通'的一声，好像是人倒在地上的声音，再后来，又听到一阵匆忙的脚步声，好像是罪犯逃跑的声音。我知道情况不好，马上打电话报警，然后叫了一辆出租车，刚刚赶到这里。"

村井探长低着头，在房间里来回踱步，他一会儿走过来，一会儿走过去。忽然，他停住脚步，严厉地对女秘书说："你说的都是谎话！"

村井探长为什么说女秘书在撒谎呢？

☆侦探小助理

讲述人	时间	地点	事件	侦查手段	证据及线索	关键点
总经理的秘书	国际电子产品博览会开幕前的一天晚上	五星级大宾馆	美国一家大公司的总经理被杀	现场查看、推理	①秘书称其当时听到电话里有匆忙的脚步声②宾馆地上铺着厚厚的土耳其驼毛地毯	地毯

51. 雨中的帐篷

一天中午，突然下了一场大雨。雨停过后，一个人急急忙忙来到了警察局，向警长大山说道："不好了，派尼加油站的服务员被枪杀了。"

大山给他倒了一杯水，然后对他说："别着急，慢慢说。"

"当时我正把车开进派尼加油站，突然我听到了一声枪响，接着我看见有两个人从加油站里跑了出来，跳进了一辆周末旅游车飞快地开走了。我赶紧跑进屋里，发现加油站的一个男服务员已倒在血泊里。"这个人一边哆嗦一边描述道。

警长大山听罢目击者的讲述，又问了一些关于旅游车和那两个人的外貌的问题后，便带着几名警员开始搜寻嫌疑人。很快，他们在公路的路障南边找到了一辆被人遗弃的旅游车。警长大山一看这辆旅游车，离派尼国家公园的正门只有几米远，便猜测罪犯一定是进了公园里。

在公园一处人工湖边，大山向第一个野营者沃伦问起他们来公园的时间。

留着一撮小胡子的沃伦说道："我和我弟弟是昨天晚上过来的。为了赶上鲑鱼迁徙的季节，从到这里开始，我们兄弟俩就在钓鱼。"

"你们两个下雨时也在钓鱼吗？"大山又问道。

"是的。"沃伦点点头回答道。

大山辞别了沃伦。又来到了第二个野营者阿尔的帐篷里。

阿尔说道："今天早上，我们支起帐篷，然后就出去了。天开始下雨时，我们找了个小山洞躲了好几个小时，我们什么都没看到。"

大山在听阿尔说话的时候，发现地上湿漉漉的，他不禁眉头一皱，但还是友好地走出了帐篷。

在停车场的一辆旅游车上，大山又找到了第三个野营者乔治和他的女朋友。

乔治说道："我知道我们不应该在这里。我们没有伤害任何人，芝加哥的一个朋友借给了我这辆车，所以行驶证上不是我的名字，你们可以打电话到芝加哥去查……"

"不必了！"大山说道，"我已经知道谁在撒谎了！"

大山是如何判断的呢？

52. 胡同里的假案

下午一点钟，两个警察听到胡同里有人喊救命。他们赶到了现场后，看到一个女人正坐在地上，揉着脑袋后面的肿块，过了足有一两分钟，她才能说出话来。

她向警察自我介绍道："我叫玛丽·拉姆齐，在一家珠宝店工作，我正要去银行送前一天的单据。我每天做送单据的工作，老板不让我走这条胡同。今天我感到被人跟踪了，我真是太傻了，竟然拐进了这条胡同。有脚步声从后面传过来，我还没有来得及转头看，头上就挨了一下，接着我就倒下了。"玛丽继续说，"抢劫犯没有继续打我，他抓起我的包就跑了。"

"那么，他有什么体貌特征吗？"警察问道。

"我只从后面看到了他，是一个高个子，穿着蓝牛仔裤，上身穿着深色的开襟汗衫。"

根据她的描述，警察开始全市搜查，很快就扣留了两个外貌符合玛丽描述的人。

"是的，我是在跑。"第一个人斯图·洛根愤愤地说。警方的巡逻车在距出事地点两个街区的地方找到了他，他一看见警车就想跑。他说："当时我的午休时间快结束了，不想上班迟到，我才跑了起来，我可不想丢掉这份工作。"斯图就在珠宝店隔壁的熟食店工作。

第二个人奥利·奥斯卡是一个沿街拾破烂的。"我本来不穿这件汗衫，"他一边解下他那件被虫蛀了的开襟汗衫，一边说，"你们把我抓来之前，我刚刚从垃圾堆里拾到这件汗衫。"

"这个钱袋是怎么回事？"警察指着从他身上找到的钱袋问。

"这是我从另一个垃圾堆里拾到的，银行后面的垃圾堆里经常可以找到这种东西。你们没有在我身上找到钱吧！"

听了第二个人的回答后，警察突然脑筋一转，马上开车找到玛丽，说道："你在撒谎，我看你就是嫌疑人！"

警察为什么说玛丽是嫌疑人呢？

53. 火炉上的烤肉

中年人比尔和妻子丽莎在乡村拥有一座不大的农场，他们没有孩子，生活过得逍遥惬意。他们除了去城里采购食物或者签订农作物买卖合同，基本上很少外出。

一天，当妻子从城里采购生活必需品回到家时，发现比尔竟然死在了火炉旁边，胸口插了一把匕首。

精神恍惚的妻子立即报警，警察杰里奇过来后查看了现场：一个烤盆里有些无焰的炭块，上面烤着牛肉。托盘、刀叉、作料散放在一旁。杰里奇检查尸体后，确认比尔大约在1小时前被杀害。

根据农场的交通和人员居住情况，杰里奇立即展开了追捕，结果在方圆5000米的范围内只见到一个人。

杰里奇将这个人带到了凶杀现场。那人说自己是个旅行家，肚子饿了正找地方想吃饭呢。见到火炉上的烤肉，伸手就拿，张嘴就吃。

"先生，慢慢吃。我只问你一个问题，你来过这里吗？"杰里奇一边打量这个人一边问道。

"我没来过这里。我在这里迷路了，不知道在什么地方。哎，警官先生，请等我吃完这块烤肉再跟你详细说。"说着他停顿了一下，从炭火中取出了一块烤肉，大大方方地放进了嘴里。

他的这个小动作被杰里奇看得一清二楚。杰里奇眼前一亮，然后把手铐拿出来说："先生，你的演技太差了，请跟我到警署去一趟吧！"

杰里奇是如何看出这个人是凶手的呢？

☆侦探小助理

讲述人	时间	地点	事件	侦查手段	证据及线索	关键点
比尔的妻子	某天	一座农场	比尔死在火炉旁边	现场查看、推理	①旅行家见到火炉上的烤肉就拿来吃②他说自己从没来过当地	烤肉

54. 撒谎的肯特

肯特在圣诞之夜请他新结识的摩西小姐到一家饭店共进晚餐。摩西小姐聪明活泼，美丽动人，肯特十分爱慕。两人聊了一阵，肯特发现摩西小姐对自己不大感兴趣，两人不久就离开了饭店。饭后心情沮丧的他在街上闲逛，遇见了名探罗克。

罗克问他为什么心情沮丧，独自一人在街上闲逛。肯特说了宴请摩西小姐的事。罗克问他在餐桌上同摩西小姐谈了些什么，肯特说："我向她讲了一个我亲历的惊险故事。那是去年圣诞节前一天的早上，我和海军上尉海尔丁一同赶往海军在北极的气象观测站执行一项特别任务。那是一项光荣的任务，许多人想去都争取不到的。但可惜的是，我们在执行任务过程中，遇上了意外情况，海尔丁突然摔倒了，大腿骨折，情况十分严重。我赶紧为他包扎骨折部位。10分钟之后，更可怕的事情发生了，我们脚下的冰层开始松动了，我们开始脱离北极，随着水流向远方的大海漂去。我意识到这时我们已经前途渺茫，随时都有生命危险。特别是当时天气异常寒冷，滴水成冰，如不马上生火取暖，我们都会被冻死的，但是火柴用光了。于是我取出一个放大镜，又撕了几张纸片，放在一个铁盒子上，铁盒子里装了一些其他取暖物。我用放大镜将太阳光聚焦后点燃了纸片，再用点燃了的纸片引燃了其他取暖物。感谢上帝，火燃烧起来了，拯救了我们的生命。更幸运的是，4小时后我们被一艘经过的快艇救了起来。人人都说我临危不惧，危急关头采取了自救措施，是个了不起的英雄。"

罗克听后大笑起来："你说谎的本事太差了，摩西小姐没有对你嗤之以鼻，就已经够礼貌的了。"

肯特讲的海上遭遇有什么地方不对吗？

55. 一只大红的龙虾

日本横滨有一家专门经营龙虾的餐馆，老板是一个非常善良、慷慨的人。

一天，人们突然发现老板在厨房里被人杀死，而且他衣兜里的现金也全被人掏走了。十分悲伤的老板娘马上打电话报了案。

几分钟后，警长矢村带人来到了餐馆。

老板娘一边哭一边对矢村说道："警长啊，我丈夫可是一个慷慨热心的人啊！每当有流浪汉来我们餐馆时，我丈夫总是给他们东西吃。我丈夫现在惨遭不幸，我认为一定是那个穿黄上衣的人干的，我在10分钟之前看见他和我丈夫在厨房说了话，然后就发生了这事。"

老板娘说完话，便领着矢村来到一个身着一件又脏又破的黄上衣的人面前说道："就是他，你们可别让他跑了。"

矢村警长上下打量一番这个人,估计此人是一个流浪汉,于是便问道:

"老板娘刚才说的话,你都听见了?"

穿黄上衣的人马上辩解道:"尊敬的警长先生,我刚才的确是在这儿了,可我什么都没干。刚才一个穿围裙的人说要给我东西吃,我看见他把一只大红龙虾放在锅里,他还告诉我20分钟后来吃呢!所以我就在这儿等着。"

矢村听罢,笑了笑说道:

"你不用狡辩了,你就是凶手!"

矢村警长是如何发现这个人在狡辩的?

☆侦探小助理

讲述人	时间	地点	事件	侦查手段	证据及线索	关键点
老板娘	某天	一家餐馆	餐馆老板在厨房里被人杀死	现场查看、推理	流浪汉称老板曾把一条大红龙虾放在锅里	大红龙虾

第三章

锁定关键的蛛丝马迹

56. 指纹

一天夜间十点左右,小岛正要入睡,忽然听见门铃响了起来。他打开门一看,一个瘦高个男人正冷冷地盯着他。小岛见来人正是他一再躲避的债权人中村,心里不禁倒吸了一口冷气。

中村一把推开小岛,气呼呼地走进房间,抬眼朝室内环视一周,冷笑一声说:"嘿,好漂亮的公寓呀!这是用我的钱购置的?"接着大声威胁说,"别再躲躲藏藏了,快把钱还给我,不然我只有到法院去控告你!"

"请相信我,钱我明天如数还你,好久不见了,来一杯吧!"小岛一边连连道歉,一边从冰箱里取出一瓶啤酒。他趁中村坐下之际,抡起酒瓶朝中村的脑袋砸去,中村连哼也没哼一声,就应声倒在了地上。

小岛砸死了中村,慌忙把尸体背到停车场,用汽车把尸体运到郊区,扔在了公园里。他返回家后,立即来个彻底大扫除,用手巾擦掉了留在桌子和椅子上的指纹,连门上的把手也擦得干干净净,直到觉得房间里再也不会留下中村的痕迹了,才长长地吐了一口气。

第二天一早,小岛刚起床,就听到一阵"咚咚咚"的敲门声,他打开门一看,竟是山田警长和段五郎侦探。

山田警长脸色严峻地问道:"今天早晨,我们在公园里发现了中村的尸体,在他口袋里的火柴盒后面写着你的地址。昨晚上中村来过你家吗?"

小岛忙说:"昨晚谁也没来过,我已经一年多没有见到他了。"

这时,站在一边的段五郎淡淡一笑,说:"不要说谎了,被害者来过这里的证据,现在还完好地保留着……"

没等段五郎说完,小岛声嘶力竭地叫道:"在哪儿?请拿出证据来!"

"安静点,瞧,在那儿!"小岛顺着段五郎指的地方一看,顿时吓得面如土色。那里确实留下了中村的指纹。

你知道中村的指纹留在什么地方吗?

☆侦探小助理

讲述人	时间	地点	事件	侦查手段	证据及线索	关键点
小岛	夜间十点左右	小岛的家	小岛将中村杀死,清理了现场	现场查看、情景再现	小岛将屋内清理完毕	指纹

57. 枪击案

刚刚发生了一起枪击案,枪响后,酒吧里只有哈瑞一个顾客。他刚刚喝了一口咖啡,就看到三个人从银行里跑出来,穿过马路,跳上了一辆等在路边的汽车。

不一会儿,一个修女和一个司机进了酒吧。

"二位受惊了吧?"善良的哈瑞也没有仔细打量这两个人,就说,"来,我请客,每人喝一杯咖啡。"

两个人谢了他。修女要了一杯咖啡,司机要了一杯啤酒。三个人谈起了刚才的枪声和飞过的子弹,偶尔喝一口杯子里的饮料。这时,街上又响起了警笛声。抢劫银行的罪犯抓住了,被送回银行验证。哈瑞走到前边的大玻璃窗前去看热闹。当他回到柜台边时,那个修女和司机再次感谢他,然后就走了。

哈瑞回到座位上,看着旁边空空的座位和杯子,咖啡杯的杯口处还隐约有些红色,他突然明白了什么,叫起来:"噢!这两个家伙是刚才抢银行罪犯的帮手!"说完赶紧报了警。

请问,是什么东西引起了哈瑞的怀疑呢?

☆侦探小助理

讲述人	时间	地点	事件	侦查手段	证据及线索	关键点
哈瑞	某天	酒吧	刚刚发生了一起枪击案	询问、推理	①修女喝了咖啡②咖啡杯的杯口处隐约有些红色	咖啡杯

58. 为何指控她

大律师奥尔森先生在自己的办公室里被人谋杀了。警察赶到现场，发现奥尔森的尸体躺在椅子上，他是被人从椅子后面用一根毒刺刺中心脏而死的。现场一片狼藉，但似乎没有少什么东西。在奥尔森先生的办公桌上有几张纸，上面沾了几滴咖啡。奥尔森先生并不喝咖啡，办公室里也没有任何装咖啡的东西。地板上扔着一双手套。奥尔森先生手上戴的手表也摔坏了，上面显示的时间是3时50分。

奥尔森先生的秘书玛丽哭得十分伤心。她告诉警察，今天下午奥尔森先生总共有3个约会，分别是和科尔顿先生（2时30分）、路易斯小姐（3时）和约瑟夫先生（3时30分）。玛丽说，只有约瑟夫先生要了一杯咖啡，是装在一个纸杯里的。

警察在玛丽的废纸篓里找到了这个装咖啡的纸杯。玛丽说，约瑟夫端着咖啡杯进了奥尔森先生的办公室，出来的时候把杯子留在了她的桌子上，她顺手把它扔进了废纸篓。

警察对毒刺和纸杯进行了检查，发现毒刺上面没有任何指纹，而纸杯上则留有约瑟夫的指纹。

警察传讯了玛丽，指控她谋杀了奥尔森。这是为什么呢？

59. 小错误很致命

阿尔夫警官开车来到一座公寓前。他要找一个名叫安格莉卡的人。

开门的正是安格莉卡，她将阿尔夫请进屋说："先生有何贵干？"

"太太，您认识一个叫哈里希的人吗？"

"哈里希？我从未听说过。"

"我刚从拘留所来，他说认识您。"

安格莉卡很镇定地抽了口烟，说道："我真不知道你在说什么！"

阿尔夫说："哈里希从银行抢走了19万马克。但我们很快就将他抓获了。我们和他长谈后，他已说出将钱给谁了。"

"我不认识哈里希，对银行抢劫案也不感兴趣！"

"那为什么哈里希会说，他将钱给了你呢？你又将钱藏在什么地方了？"

安格莉卡气得大叫道："我要说多少遍，我根本就不认识什么路德维希·哈里希！"

阿尔夫笑着说道："太太，很遗憾，你刚才犯了个小错误。请跟我们走吧。"

你知道安格莉卡犯了什么错误吗？

60. 可疑旅客

某夜,马尼拉——北京航线的某班机,降落在北京首都机场。海关人员开始检查旅客们的行李。

检查员小刘发现从飞机上下来的3个商人打扮的人神色可疑:他们带有一个背包、一个纸箱子和一个帆布箱。小刘查看了他们的护照,他们来京的目的是旅游。当天早上从泰国首都曼谷出发,经过菲律宾首都马尼拉,再经我国广州,然后飞抵北京。

小刘拿着护照看了一会儿,便认为他们肯定有问题,最后果然在行李的夹层里发现了毒品海洛因。

是什么引起了小刘的怀疑呢?

☆侦探小助理

讲述人	时间	地点	事件	侦查手段	证据及线索	关键点
小刘	某夜	马尼拉——北京某班机	海关人员发现3个可疑人员	物证、推理	①马尼拉、北京和曼谷三地的位置②行李	护照

61. 一张照片引发的秘密

房地产公司董事长的女儿被歹徒绑架,绑匪声称需用100万来交换,不许报警,否则立即撕票。

董事长急得团团转,一时不知该怎么办好。恰好他的老友,一位摄影师来看望他。听完董事长的诉苦,他不紧不慢地说道:"别慌,等歹徒再来电话的时候,你就说为了证明被他们劫持的确实是你的女儿,请他们先送一张您女儿近日的照片。情况属实,就一切听从他们的安排。"

董事长照他朋友说的去做,收到照片后,立即交给老友。仅凭这张照片,警方一举破案。那么,这张照片与破案有什么联系呢?

62. 使用伪钞的家伙

凌晨 1 时 45 分,比尔旅馆夜班服务员克罗伯在核对抽屉里的现金时,发现了一张面额为 100 马克的钞票是伪钞。半小时后,探长霍尔赶到了这家旅馆。

"你是否记得是谁把这张 100 马克给你的?哪怕一点印象也好。"探长问。

"我没留心。"克罗伯说,"我值班时,只有 3 个旅客付过钱,他们都没有离开旅馆。"

探长眼睛一亮,说道:"你说的是真的?"

"绝不会错!我今晚收到 731 马克现金,其中 14 马克是卖晚报、明信片等物品收进的,其余的现金都收自 3 位旅客。考纳先生给了我一张 100 马克和 24 马克的零票;鲍克斯先生给我两张 100 马克加 19 马克的零票;施特劳斯先生给我三张 100 马克以及 74 马克的零票。"

探长的手指在桌面上轻轻弹着:"你能肯定他们都是付给你

100马克票面的钞票?"

克罗伯肯定地答道:"请放心,凡涉及钱,我的记忆力特别好。"

"那好吧,我想我已找到了我要找的人。"探长霍尔说。

请你根据情况判断一下,谁是使用伪钞的家伙?

☆ 侦探小助理

讲述人	时间	地点	事件	侦查手段	证据及线索	关键点
夜班服务员克罗伯	凌晨1时45分	比尔旅馆	克罗伯收到了100马克的伪钞	推理、分析	考纳先生交了一张100马克,鲍克斯先生交了两张100马克,施特劳斯先生交了三张100马克	钞票

63. 谁把花踩坏了

一个晴朗而干燥的下午,尼娜看见邻居本特先生站在他的花圃里,不住地摇头。

"有人弄坏了我所有的花,"本特说,"我刚用水管给它们浇过水。可就在我出去把水管放起来的时候,有人溜了进来,把所有的花都踩坏了。"

"谁会做这种事情?"尼娜问。

本特叹了口气:"我想是个喜欢恶作剧的人。"

"我现在要去超市买东西。也许过一会儿我能帮您找出究竟是谁干的。"尼娜告诉本特。

她出了门,看到三个小女孩正在玩跳房子游戏。她很感兴趣,就停下来看她们跳。

琳达跳得十分小心，因为她左脚凉鞋的带子断了。

凯蒂跳得很慢，而且看上去很疲倦。她穿着一双紫色的运动鞋，像是已经快穿坏了。

跳得最快的萨拉穿着一双白色的跑鞋，鞋底上沾满了泥。她跳得那么快，好像脚都没有踩在地上一样。

"你想来玩一会儿吗？"凯蒂问尼娜，"我正好想休息一会儿。"

"不了，我要去买东西。"尼娜回答说，然后准备走了。就在这时，她突然醒悟过来，她已经知道是谁踩坏了本特先生的花了。

尼娜是怎么发现的呢？

64. 衣架上的大衣

在冬天快要结束的时候，某城市的人们特别喜欢在家里聚会。这一天，该市最富有的女人艾玛·惠勒在她家里开了一个聚会，宾客来了很多，一直玩到凌晨。这时，艾玛突然发现价值连城的中国明代花瓶没有了，而花瓶原先就放在入口大厅的桌子上。警察赶到时，宾客们都聚集到了客厅里，艾玛正站在前面，情绪激动得活像一条愤怒的牧羊犬。警察搜查了整个房间及客人们的汽车，都没有找到花瓶。

"你们得去问一下客人了。"艾玛对探长说，"我想也不会有什么用处。像在这样的聚会里，人们连自己做了些什么都记不住,更别说去注意别人的行动了。"

菲利浦·麦克斯走上前说:"我和朱莉·贝克尔一样,是最早一批到达的客人。我始终没有离开过房间。要是其他人没有注意到我,那是因为有一半时间我都待在卧室里看电视转播的棒球赛。"探长记录下菲利浦的话,然后让他走了。

罗德·史洛威茨第二个接受讯问。"我必须得回家了。"他先道歉说,"要是两点钟我还没喂我的双胞胎孩子吃饭,我妻子会打我的脑袋的。"罗德也声称从未离开过房间。"哦,"他又想起来了,"我曾出去一趟,上了二楼阳台,外面很冷,我一会儿就回屋了。"

朱莉·贝克尔第三个接受讯问。她也声称从未离开过房间,也没有看到什么异常现象。她说:"我一直在跟不同的人说话,还品尝桌子上丰盛的食物。"探长也让她走了。朱莉走进入口大厅,从挂满衣物的衣架上端取下自己的大衣。

"看来要用一整夜时间来找嫌疑人了。"艾玛抱怨说。

探长说:"不用了,我已经看到了一个嫌疑人。她就是朱莉·贝克尔!"

为什么他认为朱莉·贝克尔是嫌疑人呢?

☆侦探小助理

讲述人	时间	地点	事件	侦查手段	证据及线索	关键点
艾玛	晚冬	艾玛家里	中国明代花瓶被盗	现场查看、推理	①3个客人中的一个说了谎 ②朱莉从挂满衣物的衣架上端取下自己的大衣	衣架

65. 绑匪是谁

一个深秋的夜晚,纽约市某董事长的儿子被绑票了,绑架犯索要5万美元的赎金。那家伙在电话里说:"我要旧版的百元纸币500张,用普通的包装,在明天上午邮寄,地址是查尔斯顿市伊丽莎白街2号,卡洛收。"接到电话后,某董事长非常害怕。为了不让孩子的生命受到危害,他只好委托私家侦探菲立普进行调查。因为事关小孩的生命,菲立普也不敢轻举妄动。于是,他打扮成一个推销员,来到了绑架犯所说的地址进行调查,结果却发现城市名虽然是真的,但是地址和人名却是虚构的。难道绑架犯不想得到赎金吗?这当然是不可能的。忽然,菲立普灵机一动,明白了绑架犯的真实面目。第二天,他就成功地抓获绑架犯,并成功救出了被绑架的小孩。

菲立普明白了什么?

66. 无冤无仇

一天晚上,建筑商波恩在家中独自饮酒。突然,一个杀手从窗户跳了进来，对波恩说："波恩！我受人之托，今天要杀了你！"说着从怀里掏出手枪，手扣着扳机。波恩却若无其事地说："朋友，咱俩无冤无仇，是谁请你杀我的？"

"这个你不必知道。"

"好！我出三倍的价钱买我的命如何？"

杀手一听有三倍的出价，立刻露出了贪婪的目光。波恩见状，便取了另一只酒杯，斟上了酒，对杀手说："要不要来干一杯？哦！喝酒不会影响你的技术吧？"杀手接过酒杯喝了下去，但手依然紧扣扳机。波恩接过杀手的酒杯，走到保险柜旁，说："钱在保险柜中，我现在就给你拿。"杀手用枪顶住波恩的后脑勺说："不许耍花招，否则让你脑袋搬家。"

波恩打开保险柜，取出一个厚厚的信封放在桌上，趁对方不注意，迅速将保险柜钥匙和酒杯放进保险柜中，锁上了保险柜。这样一来保险柜就打不开了。杀手发现那个厚信封里装的不是现钞，正要发火，波恩转过身来，笑着说："先生，现在你不敢杀我了，因为保险柜中锁着你留下的重要证据。"杀手见事已至此，只得落荒而逃。

保险柜中锁着的是什么证据呢？

67. 逃犯与真凶

一场混乱的枪战之后，某医生的诊所进来了一个陌生人。他对医生说："我刚才穿过大街时突然听到枪声，只见两个警察在追一个凶手,我也加入了追捕。但是在你诊所后面的那条死巷里遭到那个家伙的伏击,两名警察被打死,我也受伤了。"医生从他背部取出一粒弹头,并把自己的衬衫给他换上,然后又将他的右臂用绷带吊在胸前。

这时,警长和地方议员跑了进来。议员朝陌生人喊:"就是他!"警长拔枪对准了陌生人。陌生人忙说:"我是帮你们追捕凶手的。"议员说:"你背部中弹,说明你就是凶手!"

在一旁目睹一切的亨利探长对警长说:"凶手是谁,一目了然。"

你能说出个中究竟吗?

68. 集邮家

85岁高龄的集邮家,今晚在他的卧室里为一位朋友的集邮品估了价。朋友去客厅参加舞会了,仆人走进来想请老人家上床休息,却发现他伏在桌子上,因颅骨受到致命打击而死亡,于是立即打电话请来了名探霍金斯。

霍金斯验过尸体,判断死亡时间约在20分钟以前。

仆人说:"我进门时,好像听见轻轻的关门声,似乎是从后楼梯口传来的。"

霍金斯仔细查看了桌子上的5件物品:一把镊子、一本邮集、一册集邮编目、一瓶挥发油和一支用于检查邮票水印的滴管。霍金斯走出房间来到楼梯边,俯视下面的客厅,那儿正为集邮家的孙女举行化装舞会。

"谁将是死者遗嘱的受益者?"霍金斯问。

"嗯……有我,还有今天舞会上的所有人。"仆人答道。

霍金斯居高临下,逐一审视那些奇装异服的狂欢者,目光最后落在一个扮作福尔摩斯的年轻人身上。他斜戴着一顶旧式猎帽,叼着个大烟斗,将一个大号放大镜放在眼前,装模作样地审视着身边一位化装成白雪公主的姑娘。

"快去报警!"霍金斯吩咐仆人,"我要拘捕这位'福尔摩斯'先生。"

请你想一想,霍金斯依据什么判断出了凶手?

☆侦探小助理

讲述人	时间	地点	事件	侦查手段	证据及线索	关键点
仆人	一天晚上	老集邮家的卧室	老集邮家因颅骨受到打击而死亡	物证、关联推理	桌上的5件物品为镊子、邮集、集邮编目、挥发油和滴管	放大镜

69. 墙上的假手印

某公寓发生了一起杀人案。一个独身女性在三楼的房间里被刀刺死。卧室的墙壁上清晰地印着一个沾满鲜血的手印,可能是凶手逃跑时不留神将沾满鲜血的右手按到了墙壁上。"5个手指的指纹都很清晰,这就是有力的证据。"负责此案的探长说道。

当他用放大镜观察手印时,一个站在走廊口,嘴里叼着大烟斗,弯腰驼背的老头儿在那里嘿嘿地笑着。

"探长先生，那手指印是假的，是罪犯为了蒙骗警察，故意弄了个假手印，沾上被害人的血，像盖图章一样按到墙上后逃走的。请不要上当啊。"老人好像知道实情似的说道。探长吃惊地反问道："你怎么知道手印是假的呢？"

"你如果认为我在说谎，你可以亲自把右手的手掌往墙上按个手印试试看。"刑警一试，果然不错。请问：这位老人究竟是根据什么看破了墙上的假手印呢？

☆侦探小助理

讲述人	时间	地点	事件	侦查手段	证据及线索	关键点
一位老人	某天	某公寓	一个独身女性死在三楼的房间里	物证、逻辑推理	墙壁上印着5个指纹都很清晰的手印	手印

70. 目击证人

乔博士和警长杰克沿着一条小路缓缓地行走。这条小路从迈克尔·海德油漆过的后门廊和后院的工具屋之间穿过。

"在这条小路的任何地方，"警长说，"海德都可以看见沙克·威尔被杀的情景。他是唯一可能的目击证人，但他却说什么也没有看见。"

"那他对此又做何解

释？""海德声称他一直走到工具房才发现油漆洒了一路。"乔博士于是更加仔细地查看油漆滴在地上的痕迹。从门廊到小路间，滴在路面的油漆呈圆点状，每隔两步一滴；从路中间到工具房，滴下的油漆则呈椭圆点状，间隔为五步一滴。进到工具房里，乔博士发现门背后挂着一把大锁。"无疑，他怕说出真情后会遭到凶手的报复。"乔博士说，"但他肯定看到了这里所发生的一切。"

请问：乔博士是根据什么做出这样的论断的呢？

☆侦探小助理

讲述人	时间	地点	事件	侦查手段	证据及线索	关键点
警长杰克	某天	迈克尔·海德的家里	沙克·威尔被杀	现场查看、情景再现	①从门廊到小路间，滴落的油漆呈圆点状，每隔两步一滴②从路中间到工具房，滴落的油漆呈椭圆点状，间隔为五步一滴	油漆点

71. 考卷里的错误

琼斯在警察学院当学员。他以《贩毒犯》为题写了一份案例。内容如下：

某日中午，太阳当空，湖上留下长长的树影。马捷和沙多把一艘预先准备好的小船推进了湖。他们顺着潮流漂向湖心，这个湖是两个毗邻国家的界湖，由地下涌泉补充水源，不会干涸。马捷和沙多多次利用这个界湖干着走私的勾当。

他们在湖心钓鱼，不时能钓到一些海鳟，然后把内脏挖出，装进袋里。夜幕降临，四周一片漆黑，两人把小船快速划到对岸，与接应人碰头，然后一起把小船拖上岸，朝天翻起，船底装着一个不漏水的罐子。他们把小包毒品放在里面。他们干得相当顺利，午夜刚过10分钟，便开始往回划，在离开平时藏船处以北半公里的地方靠岸。两人将100包毒品取出平分。5分钟后，一支海关巡逻队在午夜时分发现这只船时，没有引起丝毫怀疑。但当他俩回到镇上时，撞上了巡逻的警察，马捷和沙多被缉拿归案了。

哈莱金探长看完后，大笑着说："这份案例里漏洞百出，琼斯应该留一级才对。"

你能发现这案例里有多少处漏洞？请至少找出三处。

72. 完全不对的车子

两名武装歹徒冲进一家银行，抢了钱后，立即乘一辆福特车逃跑了。

一个银行职员记下了车子的号码。一刻钟后，布伦茨警长就带着助手赶到了现场。正在谈论案情时，他们突然发现了要找的那辆福特车。

警官克勒姆叫了起来:"这不可能,车子的牌号、颜色、车号都对。"

他们迅速将车拦下。车中是一位年轻男子,名叫西格马尔。布伦茨警长对西格马尔进行了审问。虽然怀疑他跟这一起银行抢劫案有关,由于他有不在现场的证据,只好将他放了。

事后调查,歹徒从那家银行抢走 75000 马克新钞票。

没过几天,又发生了一起银行抢劫案。案发不久,西格马尔违章行驶,被警察罚了 10 马克。两天后,警方逮捕了他,理由是与银行抢劫案有关。

"这不可能,"西格马尔说,"我有不在现场的证据!"

布伦茨警长说道:"但你是主谋。你找了两个朋友,弄了一辆完全相同的车。每次抢劫银行,你就将警方的注意力吸引到自己身上来,他们就趁机跑了。但是,这次你犯了个小小的错误,终于露了马脚!"

你能猜出西格马尔失误在何处吗?

73. 一个报案电话

警察局接到一个报案电话,报案的是费林先生,他说他发现朋友伍德先生死在自家的书房里了。费林先生向警察回忆了这段可怕的经历:"我当时正在伍德先生家旁边的路上散步,打算进去看看伍德先生。我注意到他书房的灯开着,就走过去想看看他是不是在那儿。由于窗户玻璃上都是雾气,我就把它们擦干了,然后往里看。结果一眼就看到了他倒在地上。我赶紧踢开门进去,发现伍德先生已经死了,于是我立刻打电话报警。"

听完费林先生的话,警察立刻掏出手铐,逮捕了他,罪名是谋杀。

你知道费林先生的话里有什么问题吗?

74. 自杀的餐馆老板

这是普普通通的一天。波洛正在街上闲逛,突然听到一声枪响。他连忙向枪响的地方跑去,发现是附近的一家餐馆。他跑进餐馆,看到餐馆老板血流满面地倒在地上,额头上有一个弹孔,人已经死了。桌子上放着一把手枪,手枪上面有一张便条,是餐馆老板写的,说他对生活失去了信心,所以选择自杀。

警察赶来之后,判断说这很明显是自杀,因为这家餐馆十分不景气,马上就要倒闭了。而且,那张便条上的字也很像餐馆老板的笔迹。

波洛却不这么认为。你知道他的理由是什么吗?

☆侦探小助理

讲述人	时间	地点	事件	侦查手段	证据及线索	关键点
波洛	某天	一家餐馆	餐馆老板遭遇枪杀	现场查看、推理	案发现场桌子上放着一把手枪,手枪上面有一张便条	手枪

75. 保密的措施不保密

无赖雪特打听到海滨别墅有一幢房子的主人去瑞士度假，要到月底才能回来，便起了邪念。他找到懒鬼华莱，两人决定去碰碰运气。

两天后的一个夜晚，气温降到了 -5℃，雪特和华莱潜入了别墅，撬开前门，走进屋里。他们发现冰箱里摆满食物，当即拿出两只肥鸭放在桌子上让冰融化。几个小时过去了，平安无事。雪特点燃了壁炉里的干柴，屋子里更暖和了。他们一边坐在桌边，转动着烤得焦黄、散发着诱人香味的肥鸭，一边把电视打开，将音量调得很低，看电视里的综艺节目。突然，门铃响了，两人吓得跳起来，面面相觑，不知所措。门外进来了两个巡逻警察，站在他们面前，嗅嗅烤鸭的香味，晃晃两副叮当作响的手铐。

请你判断一下：他们究竟在什么地方露出了马脚？

76. 开具火葬证明

一天晚上，有个五十来岁的男人，走进派出所，脸呈悲伤神情，眼含痛苦泪水，以低沉而颤抖的声音向正在值班的警察申报妻子死亡，同时递上了医院的死亡证，要求给开具证明，以便将尸体运往火葬场火化。

警察朝来人投去审视的一瞥，探测到一种异常的迹象，于是决定查个水落石出，就找个借口让来人先回去，立即向值班长报告。

在医院里，警察看到死者安详地躺在那里，并无异常迹象，口中也无异味。病历证实死者确有心脏病史，医生认为可能是正常死亡。而死者的姐姐经警察耐心开导，讲出了自己的疑惑。于是警察进行了尸检，果然，在死者的胃里发现了氰化物。

请问：警察从哪里发现了疑点？

77. 遗书是伪造的

侦探乔森村的助手石原近几天正为女友遇到的麻烦而心神不定，终于他向乔森村讲了这件事的原委：女友的父亲因交通事故住院，上星期去世了。在葬礼之夜，她的伯父，也就是死者的哥哥，拿着她父亲的遗书，提出要分一半财产给他。遗书是女友父亲去世的前两天写的。内容是："生前多蒙哥哥的照料，故将我财产的一半馈赠于您，作为报答，唯恐儿子或女儿反对，故立此遗言。"女友的父亲负重伤后就卧床不起。她伯父说这份遗书是她父亲在他一人去探视时写的，没有第三人在场。因为不能坐起来，是仰面躺在床上用普通的圆珠笔写的，所以上面的字简直就像蚯蚓一样七扭八歪的，无法同生前的笔迹相比较，也就无法判断遗书的真伪。

乔森村听了，从写字台上拿起一支圆珠笔来，问道："是这种吗？"

石原说:"是的。"

乔森村右手拿着那支圆珠笔,左手拿着纸仰面朝上写了一阵子。突然,向着石原吼了一声:"笨蛋!那份遗书纯粹是伪造的。还不快点告诉你的女友,好让她放心。"

请问:乔森村连遗书都没看,怎么就知道那份遗书是伪造的呢?

☆侦探小助理

讲述人	时间	地点	事件	侦查手段	证据及线索	关键点
助手石原	某天	石原女友的父亲的家	石原女友继承父亲的遗产,她的伯父称自己有权继承	物证、逻辑推理	石原女友的伯父称其哥哥是仰面躺在床上用普通的圆珠笔写了遗嘱	圆珠笔

78. 可靠的证据

有一对兄弟在伦敦经营着一家小珠宝店。忽然有一天,一个堂弟从远方来投靠他们,于是这对兄弟让堂弟到店里帮忙,顺便照顾他,可是心怀叵测的堂弟却计划把平日与他合不来的弟弟杀死,并准备偷走店中的珠宝后逃走。

他和这对兄弟中的弟弟长得几乎一模一样。一天,他假装哥哥的声音,从外面打电话给弟弟,将弟弟骗出去杀了。然后把尸体投入水井之中,并且把弟弟所穿的衣服藏起来,到了半夜,他偷偷地进入珠宝店,把现款、珠宝及弟弟的旅行支票拿走。第二天是礼拜天,珠宝店公休,他就把头发染成与弟弟一样的金黄色，穿上弟弟的衣服，这样的打扮，几乎就是弟弟。

他首先将珠宝放到挖空的书本中，然后以自己为收件人把书寄出去。接着用弟弟的旅行支票，搭船渡过多佛海峡，并且尽量地引人注意。最后他再以自己本来的面貌回到伦敦。

星期一哥哥来到珠宝店时，发现现款、珠宝被偷而弟弟失踪，大惊失色，连忙报警。伦敦警察局的科尔警长奉命调查此事。哥哥对他说，弟弟平时生活虽然不太检点，但是珠宝的产权有一半是弟弟的，所以不可能是弟弟偷的。

科尔警长认同他的说法，现场留下的线索虽然对弟弟不利，可是科尔认为弟弟是无辜的，最大的嫌疑人便是堂弟了。

科尔警长在珠宝店中仔细地搜查，最后发现了可靠的证据。

试问：科尔找到了什么证据呢？

79. 雪地上的脚印

在一个严冬的早晨，积雪厚达30厘米，罪犯在自己家中杀人后，穿过一片空地，将尸体扛到邻居一所正在建造中的空房内，转移了杀人现场。然后他顺原路返回家，拨通了报警电话，装作若无其事的样子说发现有人被害了。

警探赶到后，查看了那个人往返现场时留在地上的脚印，便厉声呵斥说："你在说谎，凶手就是你！"

你知道警探是怎么判断的吗？

☆ 侦探小助理

讲述人	时间	地点	事件	侦查手段	证据及线索	关键点
罪犯	一个严冬的早晨	自己家中	罪犯杀人后，将尸体扛到邻居的空房内	现场查看、推理	当时积雪厚达 30 厘米，罪犯往返现场时在地上留下了脚印	脚印

80. 重大发现

某城市动物园的一只鸵鸟被人杀害了，还被剖了腹。

警方接到报案后，了解到这是一只从非洲进口的鸵鸟，非常受游人喜爱。警方一直弄不明白为什么有人会杀害这样一只鸵鸟。后来一个警察从他家孩子的地理教科书里找到了答案，案子很快就告破了。

你知道他从地理教科书里发现了什么吗？

81. 不在场证明

昨晚下了一场大雪，今早气温降到了 -5℃。刑警询问某案的嫌疑人，当问到她有无昨夜十一点左右不在作案现场的证明时，这个独身女人回答："昨晚九点钟左右，我那台旧电视机出了毛病，造成短路停了电。因为我缺乏关于电的知识，无法自己修理，就吃了片安眠药睡了。今天早晨，就是刚才不到 30 分钟之前，我给电工打了电话，他告诉我只要把大门口的电闸给合上去就会有电了。"

可是，当刑警扫视完整个房间，目光落在水槽里的几条热带鱼时，便识破了她的谎言。

请问：刑警发现了什么？

82. 凶手的破绽

古时候，苏州有个商人名叫张庆，他经常外出做生意。这一天晚上，他雇好了船夫，约定第二天在城外寒山寺上船出行。

第二天清晨天还没亮，张庆便带着很多银子离家去了寒山寺。太阳出来以后，张庆的妻子听到有人慌忙地拍门喊道："张大嫂，张大嫂，快开门！"张妻开门后，来的正是船夫，他开口便问："大嫂，张老板在哪里？他怎么还不上船啊？"

张妻赶紧随船夫来到寒山寺一探究竟，只见小船停在河边，张庆却失踪了。张妻到县衙去报案，县令听了她的诉说之后，便断定杀害张庆的人是船夫。

你知道这是为什么吗？

☆ **侦探小助理**

讲述人	时间	地点	事件	侦查手段	证据及线索	关键点
张妻	太阳出来以后	寒山寺外的河边	船夫来张家喊张庆上船，发现他已经失踪	证词、逻辑推理	船夫来张家就喊张大嫂，让张老板上船	证词

第四章
深入分析案情

83. 不翼而飞的赎金

某银行董事长的儿子被绑架，歹徒索要 20 万美元的赎金。

歹徒打电话给受害者的家属说："把钱放在手提箱里，在今晚九点把手提箱放到火车站 22 号寄物箱内。寄物箱的钥匙在旁边公用电话亭的架子下面，用胶布粘着。把手提箱放入寄物箱之后，再将钥匙放回原处。"

儿子性命攸关，董事长答应了歹徒的要求，但他还是叫人秘密地报了警。

董事长把 20 万美元装进手提箱，于晚上九点钟赶到火车站。在寄物箱附近，已有警察在秘密监视。

董事长找到钥匙，把手提箱放入 22 号寄物箱，锁上箱子，将钥匙放回原处后，便驱车离开了。

电话亭附近也有警察监视。可是一直到天亮，歹徒始终没有露面。

第二天中午，董事长接到歹徒的电话说："20万美元已经收到，你的儿子今天就能回家。"

警察接报后马上打开22号寄物箱。手提箱仍在，但离奇的是，20万美元已经没有了。

请问：歹徒究竟是怎样把钱取走的呢？

84. 吞蛋送命

王忠准备生吞十枚鸡蛋。他这样表演，是因和朋友打赌引起的，可惜他不知道其中一个朋友赵三对他有谋害之心。

王忠剥开第一枚鸡蛋，仰起头猛吞下去，接着又吞下两枚，赢得了全场的掌声。

第四枚鸡蛋被一口吞下时，只见王忠脸色一变，吐了一口鲜血，话也说不出来了。

在场的人大惊，忙把他送进医院，经抢救才脱险。

警官接手调查此案，查到鸡蛋是赵三提供的，里面藏有钢针，于是逮捕了他。

你知道赵三是如何把钢针放入鸡蛋的吗？

85. 凶器是什么

杰克经过深思熟虑想出了一个报复吉利的办法。

"还下着雨……今晚就是个好机会。呵呵呵！"

夜深后，杰克爬上吉利家正后方的建筑物顶上。没过多久，随着"咣"的一声巨响，吉利的小木屋就倒塌了。

第二天早上，吉利从昏迷中醒过来。

虽然侥幸逃过一死，可是吉利已经浑身是伤，还得了感冒，浑身疼痛。吉利报了警，把事情从头到尾跟警察说了一遍。

"昨天晚上，不知是谁从高处扔了什么东西下来把房顶砸烂了……"

"可是，我们没有找到任何的证据。如果有什么东西砸下来的话总该有一些碎片吧。"

警察摇着头做出无奈的表情。

"请你们一定快点抓住罪犯，好吗？"

"我们当然会尽力的，可是这件案子一点头绪也没有……"

吉利伤心得眼泪都要流下来了，可警察不置可否地回答后就回去了。

突然，吉利想到了杰克："对了，肯定是杰克干的。我一定要把那个讨厌的家伙送进监狱……"

杰克到底是用了什么方法才没有留下证据呢？

☆侦探小助理

讲述人	时间	地点	事件	侦查手段	证据及线索	关键点
吉利	夜深后	吉利家	吉利家的小木屋被砸塌	情景再现、推理	①小木屋被砸烂却没有砸东西的碎片②当时下着雨	下雨

86. 凶器消失了

在女性专用的蒸汽浴室里，一个高级俱乐部的女招待被杀。死者一丝不挂，被刺中了腹部。从其伤口判断，凶器很可能是短刀一类的东西，可浴室里除了一个空暖水瓶外，根本找不到其他看似凶器的刀具。

因为案发时还有一名女招待同在浴室里，所以被怀疑为凶手。但是当时在门外的按摩师清楚地看到，此人未带任何东西一丝不挂地从浴室出来，而且直到15分钟后尸体被发现，再没有任何人出入浴室。

试问，凶手究竟用的是什么凶器，又藏在什么地方呢？

87. 手枪队护送宝马

一位欧洲富人不惜重金从亚洲买了一匹日行千里的宝马。为了把马安全运送到家，他专门请了一支手枪队护送这匹马。手枪队和马被安置在火车的同一节车厢上，可是在开往欧洲的路上，马却被盗了。

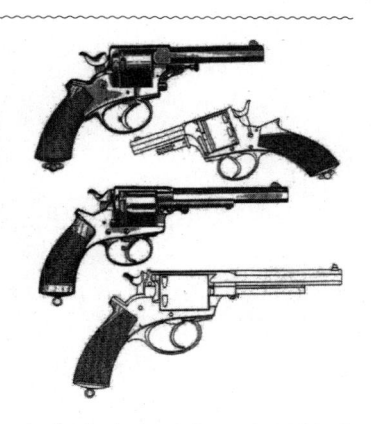

据说这支大约10人的手枪队一直和马寸步不离，也不是手枪队监守自盗，这究竟是怎么回事呢？

88. 失踪的赎金

百万富翁贝克的独生子突然失踪了。这天,贝克收到一封恐吓信:"如果你还想见到你的儿子,就把 100 万美元赎金装进手提包,明晚十二点,让你的司机在万圣公园的雕像旁边挖一个坑埋进去,后天中午你的儿子就可以回家了。"

贝克心急如焚,立即报告了警方。警方立即派警察埋伏在万圣公园暗中监视。

夜深了,公园里漆黑一片,公园门口有警方把守,雕像附近也隐蔽了好几个警察。

司机带着装有 100 万美元的手提包来了。他按绑匪的要求,在黑暗中挖了一个很深的坑,把手提包放进去埋好,然后空着手走了。警察们紧紧盯着雕像附近的一切动静。可是,直到第二天中午,还是不见任何人来取钱,贝克的儿子却平安地回到了家。

警方不知绑匪在耍什么花招,决定挖开埋钱的坑,手提包还在,可是打开一看,100 万美元不翼而飞。警方日夜监视着那个坑,司机也确实把手提包放进坑中埋好,那 100 万美元到哪儿去了呢?

请你想想:赎金会在哪里?绑匪又是谁?

89. 引爆

一天,市区内发生了一宗爆炸事件。一位外出归来的音乐家回到住所不久,屋里突然发生爆炸,音乐家当场被炸死。

侦探勘查现场时发现,窗户玻璃碎片里还掺杂着一些薄薄的玻璃碎片,分析可能是乐谱架旁边桌上一个装着火药的玻璃杯发生了爆炸。奇怪的是室内并没有火源,也找不到定时引爆装置的碎片。如果不是定时炸弹,为什么定时引爆得那么准确呢?真不可思议!

就在这时,侦探获得了一个线索:发生爆炸前,音乐家正在用小号练习吹奏高音曲调。

侦探从这个小小的线索中,立即识破了罪犯的手段。

你知道罪犯是如何引爆炸药的吗?

90. 犯罪手法

法国有位侦探叫鲁彭。一次,一个罪犯进行犯罪活动,鲁彭为破案,就给罪犯家里打了个电话。尽管当时罪犯还未能离开现场,接电话的却是罪犯本人。这可把鲁彭弄糊涂了,他当时想了很久也不知罪犯使用了什么手段,伪造了"不在现场的假象"。后来他一下子就猜出了罪犯使用的是什么手法。

你能猜出来吗?

91. 寡妇之死

一位年轻寡妇有一天被发现死在自己寓所的卧房内。推断死亡时间为前一天晚上十点左右，致死原因是氰酸钾中毒。

死者没留下遗书，但是由反锁的门与防盗链、扣紧的门窗来推断，警方一致认为是服毒自杀。

但是该居民区神父却怀疑警方的推断。因为死者是虔诚的犹太教徒，最近精神状态并无反常，而且听说她最近还有再婚的打算。

根据资料，前一夜死者的小叔曾拜访过她。警方指出："此人七点左右来，在九点以前就离开了，走的时候死者还亲自送他离去，这是管理员亲眼看见的。"

神父忽然想起死者有服用安眠药的习惯，于是向警方说道："死者的小叔就是凶手！因为如果死者是自杀的，现场必有盛毒容器。"

接着，神父就把凶手杀人的计谋有条不紊地说了出来。

你知道是什么计谋吗？

☆**侦探小助理**

讲述人	时间	地点	事件	侦查手段	证据及线索	关键点
神父	晚上十点左右	死者的卧室	一位年轻寡妇死在自己寓所的卧房内	情景再现、推理	①死者有服用安眠药的习惯②现场没有盛毒容器	容器

92. 被偷得彻底的别墅

小北的家在城市近郊，那是一幢别墅式的住宅，房子外面有一个大花园，附近没有邻居。秋天的时候，小北的夫人带孩子去外婆家，只有小北一人在家，他每天都在公司吃过晚饭再回家。

一天晚上，当小北回到家时不禁大吃一惊：只见大门敞开，家里的一切都没有了。包括钢琴、电视机、录像机，就连桌子和椅子这些家具也全不见了，整个屋子空空如也。

这显然是被盗了，但是令人不可思议的是窃贼怎么会这么大胆，大白天居然把小北家偷得这么彻底呢？并且，据说在窃贼们偷盗的时候，有两个巡逻警察还站在旁边看了一会儿热闹。这到底是怎么回事？

☆侦探小助理

讲述人	时间	地点	事件	侦查手段	证据及线索	关键点
小北	秋天	小北的家	小北的家被盗	情景再现、推理	①整个屋子被偷得空空如也②当时警察看到了却没干涉	搬空

93. 工人偷运橡胶事件

在一家提炼橡胶的工厂，经常发生工人偷运橡胶倒卖的事件。工厂的负责人为了防止橡胶被偷运，特意雇用了保安人员，对下班出厂的车辆、工人进行严格检查。

这一天，保安部接到举报，说今天有人要偷运橡胶出厂。保安人员立即行动起来，对来往行人、车辆都十分认真地进行排查。这时，一辆满载胶桶的货车准备驶出工厂大门，保安人员检查时，发现车上装的只是一些空胶桶，里面并没有装橡胶，就准予货车驶出工厂。过了一会儿，举报人又打来电话，说："刚才出去的那辆车已把橡胶偷运出厂了。"说完就挂掉了电话。

保安人员十分不解，他们对货车进行了全面检查，橡胶被藏在了什么地方呢？你能猜得到吗？

☆侦探小助理

讲述人	时间	地点	事件	侦查手段	证据及线索	关键点
保安人员	某天	提炼橡胶的工厂	有人偷运橡胶出厂	物证、推理	车上装的只有一些空胶桶	胶桶

94. 同样的剧情不同的结论

一个深夜，江文驾车正在峭壁险峻的海岸线车道上兜风，当到了一个急转弯处时，突然前方出现了急驶而来的汽车灯光。

那辆车灯的车速与江文的车速相同，离得越来越近。这条路只有对开两辆车那么宽，江文向左打轮时，对方似乎也同样在向右打轮。车灯从正面直射过来，江文心想，如果这样下去会迎面撞在一起，但为时已晚，已经没有躲闪的余地了。

江文不由得闭上眼睛，一狠心向右猛打方向盘，就在这一刹那，他的车子撞断护栏，冲下悬崖掉进大海，幸好江文迅速钻出车子浮在海面上，才捡了一条命。

这起交通事故实际上是江文的情敌王力一手策划的。可奇怪的是，江文错打了方向盘时，对面一辆车也没有，现场连对面会车的轮胎痕迹都没留下。

你知道王力用的是什么手段吗？

95. 警犬也会有失误

一个初秋的夜晚，监狱中有个囚犯越狱了。他用监狱厨房里烧火的木棒当高跷，跨过高耸的围墙，成功地逃出了监狱，接着穿过围墙边的空地，逃进了满是树林的山丘。

不过，由于正好下雨，被雨打湿的地面上留下了清晰的脚印。狱警带着警犬沿着脚印进行追踪。警犬仔细嗅过囚犯的足迹之后，一直循此足迹前进，直到进入树林。但追到途中，警犬不知为什么突然停下了脚步，左顾右盼，一步也不前进了。

逃犯并没有换穿别的鞋子继续逃亡，他脚上穿的始终是同一双鞋。

请问：他是如何骗过嗅觉灵敏的警犬的呢？

☆侦探小助理

讲述人	时间	地点	事件	侦查手段	证据及线索	关键点
警方	一个初秋的夜晚	监狱外的树林	有个囚犯越狱，逃到树林里警犬却不追了	物证、推理	囚犯没有换鞋，仍是同一双鞋	气味

96. 古屋幽灵

这是一座南北战争时代留下的古屋,据说曾出现过幽灵。买下这座古屋的人想将屋子整修一番,便雇来了工人。工人们刚刚走进前厅,突然出现一个全身冒着火焰、身高 2 米以上的幽灵,手持匕首,似乎要扑过来。工人们吓得拔腿就跑。

事情传出去以后,有些曾经进入过这座屋子的人提供了一些线索。他们说,这座屋子已建造了几十年。当时的主人据说在屋内藏了大量的珠宝。后来主人死了,珠宝究竟藏在哪里,没有人知道。曾进去过的人只知道,这所屋子的墙上装了许多大镜子。

不信邪的道格斯教授决心解开这个谜。他在漆黑的客厅里等幽灵出现。果然,像以前一样,幽灵手持匕首在火光中出现了。道格斯教授盯着幽灵细看,好像看到一个穿着宽大衣服的高个子男人。再仔细看,道格斯教授突然明白了,他猛地抓起身边的一把椅子朝前砸去。

"乓嘟嘟……"只听见一阵玻璃破碎的声音,幽灵随即不见了。

道格斯教授从屋里出来,马上与警方联系。警察包围了古屋……不久,事情便真相大白了。

你能想象出这幽灵究竟是怎么回事吗?

97. 女窃贼

女窃贼成田久子越狱逃跑了,女看守辛吉慌慌张张地向她的上司银次警长报告了这一惊人的消息。银次警长赶到104号女监一看,牢门敞开着,打开的铁锁掉落在水泥地上,锁上还插着一把用旧铁片锉成的钥匙。显然,女窃贼成田久子就是用这把钥匙打开铁锁逃跑的。

银次警长记得很清楚,昨天他把成田久子送入女监时,曾经指令女看守辛吉脱去成田久子的衣服进行了认真的检查。事后辛吉向他报告说,她就连成田久子的内衣都仔细地检查过了,没有发现任何夹带之物。再说,女窃贼事先并不知道将她关押在女监104号,她不可能事先准备好这间牢房的钥匙。那么,这把铁片锉成的钥匙是哪里来的呢?

"在你值班期间,有人和成田久子接触过吗?"银次警长想了想,厉声问女看守辛吉。

"没有……啊不,有过的,但他并未和成田久子直接碰面呀!"辛吉结结巴巴地说。

"那人是谁,他来干什么?"

"啊,是这样的。"辛吉回忆说,"昨晚,长寿庵的和尚伸助来找我,说成田久子是庵里的女施主,曾经出钱维修过长寿庵。现在她犯罪了,他送碗面条来给她充饥。我把面条捞起来细细地检查了一番,没有发现碗里有其他东西,就亲自送给成田久子吃了,空碗也是我拿回来交还给伸助的。伸助根本没有和成田久子见面,他也不可能给她钥匙。可是……等我上完厕所回来,只几分钟光景,该死的女窃贼就打开铁锁逃跑了。"辛吉显得非常难过。

"这是你的疏忽。"银次警长严肃地说,"你对那碗面条检查不严格。就是那个好色的伸助和尚,在你的眼皮底下把仿制的牢房钥匙送给了他的情妇成田久子,让她打开牢房的门逃跑了,你难道还不明白吗?"

"我……"辛吉并没有明白银次警长的意思。

请问:伸助和尚是怎样把仿制的牢房钥匙送给成田久子的?

☆侦探小助理

讲述人	时间	地点	事件	侦查手段	证据及线索	关键点
女看守辛吉	某天	女子监狱	女窃贼成田久子越狱逃跑	物证、推理	①伸助和尚曾送给成田久子一碗面②面碗里面没有可疑的东西	碗

98. 酬金有诈

星期天,某公司经理查理斯正在公园的林荫小道上散步。

忽然,一个年轻漂亮的女子与他打招呼。

查理斯问道:"小姐,您是哪一位?"

那女子冷冷地说道:"我是一个杀手!"

查理斯的脸色一下子变得煞白,脱口而出:"啊,你是那个小子派来的吗?"并苦求饶命。那女子说:"请别误会,我不会杀你的,我是来帮助你的。刚才你说的那个小子,是不是H公司的经理?"

"是,是,在商业上,他是我最大的敌人,我巴不得他早点死掉!"

那女子用商量的口气说道:"这件事就交给我办吧!我要让他不留痕迹地无声无息地死掉。至于采取什么办法,你最好别问了。"

"好!事成之后,重金酬谢!"

三个月后,查理斯听说 H 公司的经理因心脏病治疗无效去世了。随后,在一个星期天的早晨,还是在那条林荫道上,查理斯再次碰到那位女子,他如数付了酬金,那女子迈着轻盈的步子走了。

那个女子用什么办法使 H 公司的经理死掉,却没被警察发现,从而得到一笔数量可观的酬金呢?

99. 瞬间逃窜的匪徒

一天深夜,某大厦 21 楼的保险柜被人炸开,一笔巨款随之失踪。由于这家大厦装有直通警署的警报系统,所以警察的巡逻车不到 1 分钟就到达了犯罪现场。

警察到达现场后,发现这座大厦正在停电,一片漆黑。警察找到了大厦的管理员,他声称,由于电箱的保险丝被烧断了,这才导致停电。警察守在大厦的出入口,又来到 21 楼失窃现场,发现案犯已经逃走。但是,大厦是封闭式的,根本没有其他出口供案犯逃跑。警方又经过实验,证明普通人由 21 楼跑到楼下,至少也需要 2 分钟,但警车在 1 分钟内即到达了现场。案犯是用什么办法逃走的呢?

最后经过调查,警方发现管理员是匪徒的同谋人。

那么请问,为什么案犯能在 1 分钟内逃出大厦呢?

100. 罪犯的阴谋

夕阳西下,广阔的原野上阿尔法策马而行,奔往 A 城。途中的一株枯树上,捆绑着一个死去的牧马人。牧马人的嘴被堵着,脖子用 3 根牛皮条捆住,显然是由于脖子被勒住后窒息而死的。阿尔法解开绳子,把尸体放在马上,运到 A 城的警局。经检验,警官推断死亡时间是当日下午四点钟左右。第二天,警官逮捕了一名犯罪嫌疑人。但是,经过调查,这个人从昨天中午到死尸被发现这段时间一直在 A 城,有人证明他一步也没离开 A 城。因为有人证明他不在场,所以,尽管他嫌疑很大,也不得不释放。警官十分为难。"警官先生,所谓罪犯不在现场是一个骗局。"阿尔法三言两语,便使得真相大白。罪犯使用什么手段制造了骗局?提示:罪犯是单独犯罪,没有同案犯。

101. 凶手的作案手段

一天早晨,侦探在自家附近的公园里散步时,发现空地中央处仰面躺着一个年轻女子。人已经死了,其左胸上插着一把细长的没有把手的日本刀,大概她被刺中后没走几步便气绝身亡了。

刚刚下过雨，地面仍湿漉漉的。可是，令人感到奇怪的是，以尸体为中心半径 25 米的范围内，只留有被害人高跟皮鞋的鞋印，却不见凶手的足迹。由于四处找不到刀鞘，既不能认为是被害人自己拿着一把没有把手的日本刀刺进自己的胸膛自杀，也不能认为是凶手把刀拴在 25 米长的竹竿或木棒一端行刺的。如果拿那么长的棒子，被害人会及时发现逃脱的。

那么，凶手究竟是用什么手段行刺的呢？这个案子就连老谋深算的侦探也思考了良久。当他注意到日本刀没有把手时才恍然大悟，进而识破了凶手巧妙的作案手段。

请你也当一次侦探，把这个案子推理一下。

☆侦探小助理

讲述人	时间	地点	事件	侦查手段	证据及线索	关键点
侦探	雨后的一天早晨	公园	空地中央仰面躺着一个死去的年轻女子	现场查看、情景再现	①死者身上插着一把没有把手的日本刀②凶手不是近距离作案	刀

102. 时间观念很强的银行经理

鲁克伯是一家大银行的经理，他的时间观念很强，身上总带着一只手表和一只怀表，常常在对时间。

那天，有人在鲁克伯家和他谈话，家里只有鲁克伯和他侄子两人。夜深了，在客人即将告辞时，鲁克伯把侄子叫上二楼。据他侄子说，是伯父忘了打开窗子，让他把窗子上下各打开 30

厘米。

然后,客人和他侄子一起离开了。喝了一会儿酒,他侄子向客人借了一把猎枪,两人一同回到鲁克伯家,但门锁着,进不去。他侄子很生气,用手中的枪朝空中打了一枪,大叫道:"伯父,你就在楼梯上摔死算了!"

当晚,他侄子就住在客人家。

第二天,人们发现鲁克伯果然摔死在楼梯上。楼梯上的地板有不平的痕迹,显然是因此而掉下来摔死的。尸体的右手拿着怀表,那表快了1小时;手表摔坏了,指着12点,正是他侄子叫喊他的时候。难道诅咒能成为现实吗?当然不会。

请问:鲁克伯到底是怎么摔死的呢?

103. 雪后脚印

一处悬崖峭壁,屹立在惊涛骇浪的海岸上。大雪纷飞,不一会儿,山顶上就积满了白茫茫的一层白雪。大雪过后,在积雪中清清楚楚地留下了一串脚印,由远处的村庄走到了绝壁跟前……

再也找不到别的脚印了,是不是村里有人跳海自杀了?

但是经过调查了解，得知并没有人跳海自杀。请想一想，这可能是怎么回事呢？

104. 中毒

一天，亨利探长应友人之邀去一家小酒店饮酒。突然，隔壁桌上的一位老板呻吟着呕吐起来，两位保镖立即拔出匕首，对准与老板同座的一位商人。

亨利探长一问，才知道双方刚谈成一笔生意，共同喝酒庆贺，谁知老板竟中毒了。那位商人举着双手，吓得不知所措。

探长走上前，摸了摸温酒的锡壶，又打开盖子，看见黄酒表面浮着一层黑膜，就说："果然是中毒了！"

这时，中毒的老板摇晃着身子说："探长，救救我！他身上一定带着解毒药！搜出来……"探长笑着说："错了，他身上没带解毒药！这酒是你做东请客的，他怎么有办法投毒呢？"

到底酒里有没有毒？

105. 滑雪场的凶案

在某著名滑雪场，一架登山升降车正缓缓向山上移动着。

这时，坐在里面的一位女游客突然发出一声尖叫，从登山升降车里掉下去摔死了。

警察查看了死者身上的伤，发现女游客是被尖锐的器物刺进胸口后，摔入山谷而死的。但是，现场却没有发现任何凶器。

据了解，当时在女游客的升降车前后并没有人坐，只有在靠近其升降车较前位置坐着一位中年男子，可是这位男子坐的位置离女游客有七八米远。他怎么可能杀死女游客呢？

你能猜出来吗？

☆ 侦探小助理

讲述人	时间	地点	事件	侦查手段	证据及线索	关键点
游客	某天	滑雪场	登山升降车上一位女游客被尖锐器物刺进胸口后摔入山谷而死	现场查看、推理	①现场没有发现任何凶器②最近的男子离女游客有七八米远	滑雪用具

106. 不可能发生的事

在风景如画的海滨沙滩上，有人发现了一具完整的女尸，死者身高大约在 1.8 米。

尸体被装在一只布袋里，布袋四周绑有 32 个铁饼，相当笨重。看上去，凶手在杀死女人之后，企图将尸体沉入大海。没想到，沉重的布袋依然被冲上了沙滩，结果尸体被发现了。

经过调查，警方找到了几个嫌疑人：一个是身材矮小、瘦削的出租车司机，一个是身材高大的流氓，还有一个则是孔武有力的壮汉。

警方依法进行了仔细搜查，结果在那辆出租车里发现了死者留下的血迹。原来，这个司机看到死者的钱包里有很多现金，见财起意，就杀死了她，并弃尸大海。

但是，一个瘦小的歹徒，怎么能够把这具绑着这么多铁饼的尸体，拉过沙滩再抛入大海呢？

☆侦探小助理

讲述人	时间	地点	事件	侦查手段	证据及线索	关键点
警方	某天	海滨沙滩上	有人发现一具女尸	现场查看、推理	布袋绑有32个铁饼	铁饼

107. 硬币透露了案情

在学生宿舍楼的正门外，一具尸体背朝上倒在地上，背部垂直射进一支羽箭，从头朝门、脚朝大道的姿势看，显然死在外出归来正要开门的时候。经查询，死者名叫吉姆。警长卡特翻动了一下尸体，发现尸体下面有3枚100元的硬币，在死者衣兜的钱夹里，有不少10元和100元的硬币。

卡特问宿舍楼管理员："这幢楼里有多少学生居住？"

管理员说："现在是暑假期间，学生们大都回家了，只剩下吉姆和布朗两人。他俩都是射箭选手，听说下周要进行比赛。"他抬头指着对着正门的二楼房间介绍说："那就是布朗的房间。不过，今天晚饭后布朗一直没有从二楼下来过。"

卡特来到布朗的房间里，叫醒了他。布朗吃惊地说："你们怀疑我吗？请别开玩笑。吉姆是正要开门的时候，背后中箭死的。就算我想杀死他，但我从窗口里也只能看到他的头顶，无法射到他的背部啊！"

卡特走到窗口，探身望了望，便转身取出 3 枚 100 元的硬币，对布朗说："这是你的吧，也许上面还有你的指纹哩。"

布朗一看，结结巴巴地说："可能是我傍晚回来，不小心从兜里掉出来的。"

卡特说："不，是你用它为吉姆设下了陷阱！"

请问：住在二楼的布朗究竟是怎样谋害吉姆的呢？

108. 狡诈的走私犯

霍普是个国际走私犯，每年从加勒比海沿岸偷运东西，从未落网。

根据海关侦查，6 个月前他曾在海关露面，开一辆新出厂的黑色高级蓝鸟敞篷车，海关人员彻底搜查了汽车，发现他的 3 只行李箱都有伪装的夹层，3 个夹层都分别藏有一个瓶子：一个装着砾岩层标本，另一个装着少量牡蛎壳，第三个装的则是玻璃屑。人们不明白他为什么挖空心思藏这些东西。更奇怪的是，他每月两次定期开着高级轿车经过海关，海关人员因抓不到证据，每次都不得不放他过去。

迷惑不解的海关总长找名探洛里帮助分析，洛里看着"砾岩层、牡蛎壳、玻璃屑"深思着。"这些东西有什么意义？"总长心急地问，"他到底在走私什么东西？"洛里点燃烟斗，沉思良久，恍然大悟，笑着说："这个老滑头，你把他拘留起来好了。"

霍普到底在走私什么东西？

☆侦探小助理

讲述人	时间	地点	事件	侦查手段	证据及线索	关键点
海关总长	某天	海关	走私犯霍普走私某东西，却无法发现	现场查看，推理	他每次都开着高级轿车经过海关	轿车

109. 打破的水晶花瓶

波洛侦探的助手报告说："迈克被杀死了，凶手就是他的仆人，但是一直没有找到凶手用的凶器。而地上的水晶花瓶碎片是凶手离开现场时不小心打破的。"

波洛说："不，他是故意打碎的。"

你知道凶手为什么这么做吗？

110. 老虎的微笑

玛莉美丽热情，是动物园的驯兽师，负责训练狮子和老虎等猛兽。这些平时非常凶猛的猛兽，一看到玛莉就变得温顺听话。在玛莉的调教下，老虎和狮子学会了钻火圈、滚球等节目，成了动物园的大明星。

每次动物园举办表演，最后一个压场节目都是由玛莉和老虎来表演：老虎张开血口，玛莉把头伸进老虎嘴里。

这天，正是动物园举办表演的日子，游客们从四面八方赶来，观看玛莉的驯兽表演。老虎和狮子在玛莉的指挥下既机敏又驯服，观众们不停发出啧啧的赞叹。

终于，最后一个节目来了，玛莉要像往常一样把头伸进老虎嘴里去，观众的心都提到了嗓子眼儿，玛莉却一点也不慌——她和老虎已经配合了不知道多少次，是不可能有危险的。

在玛莉的指挥下，老虎顺从地张开了大口，玛莉优雅地给全场观众鞠了一躬，然后反身弯腰，把头伸到老虎嘴里，观众席上发出了潮水般的掌声。

就在玛莉准备把头抽出来的一刹那，老虎嘴角上翘，做出了微笑一般的表情。接着，老虎将嘴一合拢，玛莉顿时倒在血泊之中！

观众们惊呆了，老虎好像也受惊了，它不停地用舌头舔她的脸。其他驯兽师飞快冲上去把玛莉救出来，但玛莉因为颈部血管破裂，失血过多，已经死了。

动物园园长无论如何也不能相信这样可怕的事实，最有天赋的驯兽师玛莉竟然被自己驯养多年的老虎咬死！这是完全不可能的！

他强烈要求警方调查，可是警方说事情已经非常清楚，玛莉被老虎咬死，全场观众都亲眼看见，这有什么好调查的呢？无奈之下，动物园园长找到了布莱尔侦探，请他来解决这个离奇的事件。

布莱尔静静听完了事情的经过，问道："当天老虎喂饱了吗？老虎的情绪很差吗？"

园长肯定地答复道："老虎在表演前绝对喂饱了，情绪也非常好。何况就算饿着肚子或者心情很糟，它也不会袭击玛莉。他们之间有很深的感情。"

"这就奇怪了。"布莱尔继续问道，"那么，还有什么其他特别的事情吗？"

"倒是有一件事情。"园长说，"不知道重要不重要。有观众告诉我，老虎在合上嘴以前，露出了微笑一般的表情。"

"微笑？真是莫名其妙！"布莱尔琢磨着。可是，老虎为什么合上嘴前笑一笑呢？忽然，他想到了什么，大声说道："我明白了，玛莉是被人害死的，这个凶手真是太聪明了！""是吗？"园长连忙问道，"那么凶手到底是谁呢？"

布莱尔胸有成竹地答道："很可能就是玛莉的发型师！"

为什么布莱尔能根据老虎的微笑推测出凶手呢？

111. 没有消失的指纹

躺在远离 S 国的一家五星级宾馆的大床上，约翰深深地舒了一口气，心中暗暗得意：哼，让那些愚蠢的警察尽情地找我去吧！除了那处指纹以外，我什么也没有留下。

原来，约翰就是前几天震惊世界的"S 国国宝盗窃案"作案团伙成员之一。他们合伙窃取了收藏在 S 国国家博物馆中价值连城的宝物——黄金神像。约翰为了独吞赃物，干掉了其他同伙，独自带着珍宝来到国外，想等风声过了再将宝物卖出。那样的话，自己就会得到一大笔钱，足够后半辈子吃香喝辣的了。

本来计划得挺完美，可是作案时，约翰不小心把一处指纹留在了现场。警方勘查现场的时候找到了这个线索，于是通过国际刑警组织，在世界各国寻找与现场指纹吻合的人。走投无路的约翰灵机一动，想出了变换指纹这一招，于是，他出高价在黑市上找到一位医生，从自己的小腿上割下一些皮肤，移植到了自己割掉指纹的手指上。

看着自己刚刚做过手术的手指，躺在床上的约翰满意地闭上了眼睛，梦想着即将实现的荣华富贵，嘴角不禁露出了一丝坏笑。

可是不知道为什么，不久之后，当约翰就要取得永久居住在C国的护照时，国际刑警组织找上门来了。约翰看到警察出示的逮捕证，顿时瘫软在地。他怎么也不明白，自己的计划那样完美，行动那样谨慎，就连唯一留下的证据也被自己销毁了，可是警察到底是怎样找到自己的呢？

第五章

巧设玄机，机智周旋

112. 有人杀害了我的丈夫

电话铃声一连响了四次,侦探康纳德·史留斯才意识到自己不是在做梦。他睁开眼,看了看钟,时间是凌晨3时30分。

"您好!"他拿起话筒说道。

"你是史留斯先生吗?"一个女人问道。

"正是。"

"我叫艾丽斯·伯顿。请赶快来,有人杀害了我的丈夫。"史留斯记下了她的住址,把电话挂上。外面寒风刺骨,简直要冻死人,史留斯出门要多穿衣服,自然就比平日多花费了一点时间。他听到门外大风呼呼的声音,于是在脖子上围了两条围巾。

40分钟以后,他到了伯顿夫人的家。她正在门房里等着他。史留斯一到,她就开了门。在这暖和的房子里,史留斯摘下了围巾、手套、帽子,脱下外套。

伯顿夫人穿着睡衣、拖鞋，连头发也没梳。

"我丈夫在楼上。"她说。

"出了什么事？"史留斯问。

"我和丈夫是在夜里 11 时 45 分睡的。也不知怎么的，我在 3 时 25 分就醒了。听丈夫没有一点声息，才发觉他已经死了，他是被人杀死的。"她说。

"那你后来干了什么？"史留斯问。

"我便下楼来给你打电话。那时我还看见那扇窗户大开着。"她用手指了指那扇还开着的窗户。猛烈的寒风直往里灌，史留斯走过去，关上了窗户。

"你在撒谎，让警察来吧！"史留斯说道，"在他们到达这里之前，你或许乐意把真相告诉我吧？"

史留斯为什么会这样说，他的根据是什么？

☆侦探小助理

讲述人	时间	地点	事件	侦查手段	证据及线索	关键点
伯顿夫人	凌晨3时30分	伯顿的家	伯顿先生被人杀死	现场查看、推理	①史留斯进门的时候屋子里很暖和②当时窗户大开着，猛烈的寒风直往里灌	气温

113. 教授的凶杀案

半夜，正在熟睡的侦探波洛突然被一阵敲门声惊醒。开门一看，是住在楼下的哈里教授的外甥杰利。他十分不安地对波洛说："今天哈里约我晚上到他家，我路上有事耽搁了，到他家时，我敲了半天门却一直没人应，不知发生了什么事。我不敢一个人进去，想请您跟我一起去看看。"波洛立即穿上外衣，和杰利出了门。

在路上，杰利告诉波洛："最近，我舅舅的一项发明成功了，得了不少奖金，有人很眼红，我担心他会因此出事。"

正说着，他们已到了哈里家门口。波洛推开门，伸手去按墙上的开关，但灯却没有亮。杰利说："里面还有盏灯，我去开。"说着，他独自走进了漆黑的屋子。

不一会儿，灯亮了。这时，他们发现教授浑身是血，躺在离门口 1 米远的过道上。杰利轻轻地叫了声："天哪！"他赶紧跨过教授的身体，回到波洛身边。

波洛立刻俯身查看，发现教授已经断气了。屋角的保险柜大开着，里面已空无一物。杰利惊恐地说："这会是谁干的呢？"

波洛冷笑了一声，说："别演戏了，杰利先生，凶手就是你！"

你知道波洛是如何断定杰利就是凶手的吗？

114. 消声器坏了

街上发生了一起车祸，一辆汽车撞伤了一个孩子并且逃跑了。警官梅森根据各种线索，当天晚上就找到了肇事嫌疑人洛克——一个身高 1.9 米的高个子。

洛克说："我今天上午没用过这辆车，是我妻子用的。"洛克的妻子是位娇小玲珑的金发美人，身高不过 1.5 米。她向警察证实了丈夫的话。

梅森说："根据目击者提供的线索，撞人的汽车噪声很大，好像消声器坏了。"

"那咱们就去试一下吧！"洛克把梅森带到车库，打开车门，然后舒舒服服地坐在驾驶座上，发动马达，在街上转了一圈，一点噪声也没有。

梅森微微一笑："别演戏了，这个新消声器是你刚刚换上的。"

梅森是怎么做出这一判断的？

☆ 侦探小助理

讲述人	时间	地点	事件	侦查手段	证据及线索	关键点
警官梅森	某天	街上	一辆汽车撞伤了一个孩子并且逃跑了	现场查看、推理	①肇事嫌疑人身高1.9米，而他妻子1.5米高 ②他说当天只有妻子开过车	驾驶座

115. 被窃的手提包

沙娜小姐下了飞机，乘车径直来到了巴黎闹市区一家豪华的旅馆。

"小姐，您好！"女招待员殷勤地迎上来，接过了沙娜小姐的手提包。

"谢谢！"沙娜小姐这时才感觉到有些累了。她跟女招待员来到了二楼的一个单人房间。

"小姐，您休息吧，有事尽管吩咐。"女招待员把手提包放在床头柜上，退了出来。

"等等！"沙娜追了出来，"我没有别的事，只是请您明天早上给我送来一杯热牛奶，只要一杯！"

"好的，我记住了。"女招待员微笑着走下楼去。

沙娜小姐回到屋子里，打开了手提包。那里面装着许多精美的首饰。她是代表公司来这里参加国际博览会的。如果这次成功卖出这些首饰的话，她将得到一笔可观的奖金。她把首饰又依次检查了一遍，发现一路上没有损坏什么，便放心地笑了，接着她去餐厅吃了饭，又洗了澡，便睡下了。

第二天早上，她醒来睁开眼睛一看表，已经快七点钟了，便急忙穿好衣服，按电铃叫女招待员送牛奶。然后，她来到了洗漱间。她刷过牙，刚要洗脸，听见房门开了。她以为是女招待员送牛奶来了，便没在意。然而，当她涂抹在脸上的香皂还没用水冲洗净时，就听见外面"扑通"一声。她急忙跑出洗漱间，朝外面一看，吓得惊叫起来。原来，女招待员躺在房门口，失去了知觉，头上有一道殷红的血迹。再往床头柜上一看，更是大吃一惊，那个装有许多贵重首饰的手提包不见了。沙娜愣了片刻，忽然明白过来，猛地冲到门口，大声呼喊：

"来人啊，快来人啊！有人抢东西啦！"

很快，整个旅馆都被惊动了，胖经理和各个楼层的女招待员先后都赶来了。

胖经理让人把受伤的女招待员扶到了床上。她已经醒过来了。随后，胖经理又亲自打电话向警察局报了案。

10分钟后，警长哈尔根领着两个助手赶到这里。他查看了现场，并没有发现什么，便把沙娜叫到跟前，简单询问了案发的经过。最后，他来到了受伤的女招待员身旁。

"请问您好些了吗？"哈尔根关切地问道。

"好些了，只是还有些晕。"女招待员不知是因为受了惊吓，还是因为头部受伤流了点血，此时脸色白得像一张纸。

哈尔根点燃一支香烟，又问道："小姐，您能把刚才见到的跟我说说吗？"

"可以。"女招待员把身子支起来，半倚在床上说道，"刚才，我按小姐的吩咐端来了一杯热牛奶。可是刚进屋，就从门后蹿出一个男人，照着我的下巴就是一拳。我一下子被打倒在地，以后就什么都不知道了。"

"那个人长得什么样你看清了吗？"

"事情来得太突然，我没看清他的脸，只看见他拎着小姐的那个手提包。"

哈尔根点了点头，没再问什么。忽然，他走到床头柜前，端起那杯热牛奶问沙娜小姐："小姐，您早上总是要喝热牛奶吗？"

"是的，这是从小养成的习惯，不喝杯热牛奶，全天都会不舒服的。"

"是吗?那您今天为什么不把这杯热牛奶喝了呢?"

"是啊,您不说我都忘了。"

"凉了吧,小姐?我去给您热热。"女招待员殷勤地说。

哈尔根忙用手按住了牛奶杯,用一种嘲讽的口吻说道:"不用了,我看沙娜小姐即使喝不上这杯牛奶,今天也会舒服的。您说是吗?亲爱的女招待!"

"您这是什么意思?"女招待员不无惶惑地问道。

"小姐,别做戏了。这件事您最清楚,快交代出您的同伙吧!"

听了这话,女招待员瘫软在床上。原来,正是她勾结一个盗贼,盗走了沙娜小姐装首饰的手提包。

警长哈尔根怎样发现女招待员就是作案分子的呢?

☆侦探小助理

讲述人	时间	地点	事件	侦查手段	证据及线索	关键点
沙娜小姐	早晨快七点钟	旅馆房间里	女招待员来送牛奶时被打晕,沙娜小姐的手提包被抢走	现场查看、推理	①女招待员刚进屋就一下子被打倒在地②床头柜前的牛奶已经凉了	牛奶

116. 不翼而飞的奔驰

电影演员克里夫人向保险公司申明,她的那辆"奔驰"被盗,要求索取一辆新"奔驰"的保险金。斯蒂尔受保险公司的委托,来到克里夫人家里调查了解事件的全部经过。

克里夫人见这位德国有名的大侦探来到家中,忙把他让到了沙发上。

"听说您的那辆'奔驰'是去日本东京拍电影时被盗的，对吗？"斯蒂尔点燃了一支香烟，然后开门见山地问。

"是的。因为拍片需要，我就用船把它运走了，没想到……"克里夫人白皙的脸上掠过一丝不无惶惑的苦笑。

"所以，您向保险公司提出了赔偿损失，是吗？"

"是的，是这样。"

"好，那就请您再讲述一遍事件发生的经过，我也好向委托人做出交代。"斯蒂尔透过清幽的烟雾，发现夫人的眉梢动了一下。

夫人叹了口气说道："事情再简单不过了，以至于我还没弄清是怎么回事，车就没影了。"

"请您说得具体些。"斯蒂尔从兜里掏出了笔记本。

克里夫人眯缝起眼睛，思忖了片刻说道："那天导演宣布休息一天，我就独自一人开着'奔驰'去东京西郊玩了半天。在回来的路上，我以正常车速行驶着。在离市区不远的一个拐弯处，一辆客货两用车从我的左边超了过去，并挡住了我的车道。我很生气，想下去叫他们让开，可是刚一打开车门，就听见一声轰响，我失去了知觉。等醒过来睁眼一看，我已躺在了医院的病床上。我并没伤着哪里，只不过是轻微脑震荡，第二天导演接我出院了。但是，我的'奔驰'也无影无踪了。"

听完克里夫人的讲述，斯蒂尔笑了。他做了个滑稽动作说道："您总算是万幸中的不幸了！"

"什么，你这话是什么意思？"克里夫人惊愕地望着斯蒂尔。

"我是说，您可以向保险公司索取一辆'奔驰'的保险金了。"斯蒂尔微笑着望着她。

"啊，是这样，那是当然的了！"克里夫人也笑了，那是发自内心的笑。

忽然，斯蒂尔把脸一沉，厉声说道："遗憾得很，你这个骗子，跟我到法庭上去领保险金吧！"

斯蒂尔是怎样识破克里夫人的骗局的呢？

117. 一根白色的细毛

欧洲某国家博物馆展出了一顶中世纪的皇冠。皇冠上的特大钻石引起了众多参观者的兴趣，博物馆视这顶皇冠为重点保护对象，严加看护。可人算不如天算，皇冠上的宝石还是被盗了。

博物馆的警卫向前来调查此事的国家安全专家报告：报警器没有响，皇冠展橱和馆内所有的门窗都完好无缺。

安全专家巴特见皇冠展橱是个精致而坚固的透明罩，在它的基部交接处有一个对位孔，窄小得只能容一只小老鼠通过。忽然，他眼睛一亮——展橱的边沿有一根白色的细毛。

第二天，他让助手在报纸上刊登一则消息："盗窃皇冠钻石的罪犯现已被捕，正在审讯中。"同时登出了罪犯的相片。

半个月后，他以化名在报上登出一则启事："本人因不慎将一块瑞士高级金表滑落至25层楼的下水道中，如有高手能不损坏建筑而把表取出来,本人将以金表价值的一半作为酬谢。"

几天后,助手向他汇报:"有一个医生模样的人,说他训练了一只灵巧的小白鼠,可以担此重任。"巴特高兴地叫道:"好!马上逮捕他!他就是盗窃钻石的罪犯。"

巴特是如何让罪犯自投罗网的呢?

118. 能说话的尸体

东汉时期,有个县城里正在举行庙会,大街上人山人海,商人卖东西的叫卖声,大人寻找走失的小孩的叫喊声,还有牛马鸡鸭的叫声,闹成了一片,真是太热闹了。

有个叫周纡的县官,带着几个随从,穿着便服也来逛集市。他站在一个画摊前,正拿着一幅画慢慢欣赏,忽然,听到西边有人惊叫:"不好啦!有人被杀啦!"人们一听,都往那边奔过去。周纡心头一震,马上放下画卷,跟着人们跑过去。

在县城的西门边上,躺着一具男尸,围观的人里三层外三层,大家纷纷议论说:"刚才我进城门的时候,怎么没有看到他啊?"也有人说:"你们就别瞎议论了,快去报官吧!"周纡大声说:"别去报了,本官已经来了。"人们看见县官来了,就让开了一条路。

周纡挤进去一看,那尸体穿得破破烂烂,好像是个乞丐,脑袋上有一个大窟窿,血迹已经干了。周纡高声说:"诸位请肃静,本官要亲自审问尸体,查出凶手!"

众人大吃一惊：难道尸体会开口说话？大家都停止了议论，看县官怎么审问，周纡朝尸体大喝一声："是谁把你害了，快从实招来！"然后凑近尸体耳朵，好像在和尸体说悄悄话呢。

过了一会儿，周纡大声宣布："尸体已经告诉本官真相了！"他叫来守城门的士兵，问他："刚才有谁运过稻草进城？赶快把他抓起来！"

周纡为什么能"听"到尸体说出真相呢？

119. 树叶上的血迹

一天，一家工厂的电话接线员摔死在工厂的电话室楼下，警长接到报案后，立即带领助手赶到了现场。两人到现场一看，只见二层总机值班室的窗户大开，死者显然是从楼上摔下来的，手中还抓着一条湿抹布。二人来到楼上一查，发现电话总机值班室的暗锁和插销都完好无损。两人又来到楼下，只见越来越多的围观者都在窃窃地议论着，一些人还大声地说死者一定是在上面擦洗窗户时不慎失足掉下来摔死的。

难道死者真的是摔死的吗？警长让助手到群众中去调查，自己则开始仔细地勘查现场。

警长先验查了楼上办公室的门，接着又来到楼下。很快，他在一楼外阳台上发现了一片树叶，这引起了他的注意。他轻轻地把树叶拿起，仔细地观察，发现树叶上有一小块红点，他判断这个红点一定是血迹。

这时，助手走了过来，向他说道："与死者熟悉的人向我反映，近几日根本没有发现死者情绪有什么反常现象，所以，我认为并非自杀。而且，大家还反映说，死者生前作风正派，群众关系非常好。"

"你的调查和分析都有道理，但是，我告诉你，我现在发现了一个非常重要的证据，我认为可以证明死者是被谋杀的。"说完，警长便把那片带有血迹的树叶拿到助手的面前。他让助手看了一下后，便对助手说道："我们现在分头行动，你去调查死者的家庭情况，我去局里对树叶的血迹和死者的血型进行化验，看看它们是否吻合。"

他们马上就开始了行动。仅仅一天，助手的调查结果就出来了：原来死者与丈夫的关系非常不好，她的丈夫一直在找借口要求与她离婚，可死者始终不同意，所以，她的丈夫极有作案动机。之后，警长的化验结果也出来了，化验证明，树叶上的血迹与死者血迹完全吻合。两项调查一综合，警长认定，死者的丈夫嫌疑最大，于是，他果断地让助手将死者的丈夫带到了派出所，经过审问，死者丈夫交代了犯罪事实：那天晚上，他乘死者一人值班之时，悄悄地进入电话室，乘妻子不备，将其杀死，然后伪造了因擦玻璃不慎失足落地而死的现场。可他万万也想不到，尽管他竭尽清理了现场，但还是被警长从一片树叶上的血迹发现了证据。

那么警长是如何从树叶上的血迹看出来是谋杀的呢？

☆ 侦探小助理

讲述人	时间	地点	事件	侦查手段	证据及线索	关键点
助手	某天	一家工厂的电话室楼下	电话接线员摔死在楼下	物证、推理	一楼外阳台上的树叶上有血迹	血迹

120. 桅杆上的白布

最近，劳尔探长一直在调查市政府官员詹姆森被害的案子，这天黄昏，他驾车来到海边的港口，踏上一只帆船，找到了涉嫌者鲍里金。鲍里金听劳尔探长说他的朋友詹姆森被人杀害后，惊得嘴里的雪茄差点掉下来。探长向鲍里金询问："出事的时候——也就是那天下午两点到四点，你在什么地方？"

鲍里金歪着头想了想，说："哦，那天天气很好，中午十二点我驾船出海办事，不料船开出两个小时后，发动机就坏了。那天海面上一丝风也没有，船上又没有桨，我的船被围在大海上，无法靠岸。情急之下，我在船上找到了一块大白布，在上面写上'救命'两个黑色大字，然后把桅杆上的旗子降下来，再把这块白布升上去。"

"哦？"劳尔探长很有兴趣地问，"有人看见它了吗？"

鲍里金笑着回答："说来我也挺幸运的。大概半小时后，就有人驾着汽艇过来了，那人说，他是在3千米外的海面上看见我的呼救信号的，后来，他就用汽艇把我的船拖回了港口，那时已近黄昏了。"

鲍里金说完，轻轻地呼了口气。谁知劳尔探长却对他说："鲍里金，假如现在方便的话，请马上随我到警局走一趟。"

鲍里金的脸唰地白了："这是为什么？"

你知道这是为什么吗？

☆侦探小助理

讲述人	时间	地点	事件	侦查手段	证据及线索	关键点
鲍里金	下午两点到四点	港口的一只帆船上	鲍里金的船被困在大海上	询问、证词	①鲍里金称将一块大白布写了救命做旗子②当时海面上一丝风也没有	旗子

121. 一定是桩凶杀案

一天，一位满脸愁云的少女来到私人侦探段五郎的办事处，对段五郎说，在上周二的晚上，她姐姐在家中煤气中毒身亡。奇怪的是，姐姐的房间不仅窗户关得严严的，连房门上的缝隙也贴上了封条。刑警调查认定：别人是不可能从门外面把封条贴在里面的，这些封条只有她自己才能贴，所以认定她姐姐是自杀。可她了解姐姐的性格，认为姐姐决不会轻生。这一定是桩凶杀案。

听了少女的陈述，段五郎试探地问道："谁有可能是嫌疑人呢？"

"冈本，他和姐姐住在一个公寓里，出事那天他也在自己的房间里，可他说他什么也不知道。那肯定是谎言！"

于是，段五郎和少女一起来到那幢公寓。这是一幢旧楼，门和门框之间已出现了一条小缝隙。在出事的房门上，还保留这些封条。段五郎四下里一瞧，便向公寓管理人员询问案发当夜的情况。

管理人员回忆道："那天深夜，我记得听到一种很低的电动机声音，像是洗衣机或者是吸尘器发出的声音。"

段五郎眉头一皱，说："冈本的房间在哪里？"管理人员引着段五郎走到冈本的房门前。打开房门，段五郎一眼就看到放在房间过道上的红色吸尘器。他转身对少女说："小姐，你说得对，你姐姐确实是被人杀害的，凶手就是冈本！"

请你判断一下，段五郎是怎样识破冈本的真面目的呢？

☆侦探小助理

讲述人	时间	地点	事件	侦查手段	证据及线索	关键点
一位少女	某天	少女姐姐的家中	少女姐姐煤气中毒身亡	现场查看、推理	①死者的房间门窗关得很严，房门的缝隙贴上了封条②当晚传出洗衣机或吸尘器的声音	吸尘器

122. 巧留鞋印

詹姆斯、汤姆和理查德三人都是一家公司的门卫。一天，詹姆斯兴高采烈地告诉另外两人，他买彩票中了头奖，奖金高达10万美元。这下子引起了理查德的贪念。

他处心积虑，想夺取这笔财富。乘汤姆在值班，理查德潜入詹姆斯家里，把他杀死，窃走了10万美元。

第二天早上，詹姆斯的尸体被发现了，现场留有多个鞋印。根据现场证据显示，警方逮捕了汤姆。

因为汤姆的脚有点跛，所以鞋底磨损的情形有些特别，留下的鞋印也与众不同，而这与凶案现场留下的鞋印完全吻合。而且，汤姆的鞋底也沾有现场的泥土。于是，警方逮捕了汤姆，控告他谋杀。

"这双鞋子是我三个月前与理查德一起购买的，我每天都穿着它上班。案发当天，我独自一人在公司值班室睡觉，没有离开半步。所以没有其他证人。"汤姆无奈地说。

"你这双鞋也放在值班室吗？"警察问道。"是的。我每天晚上都把鞋放在值班室里，所以不可能被人偷去。"

那么，理查德究竟用了什么诡计，在现场留下了与汤姆相同的鞋印呢？

☆侦探小助理

讲述人	时间	地点	事件	侦查手段	证据及线索	关键点
警察	某天	詹姆斯家里	詹姆斯被理查德杀死，抢走了10万美元的彩票头奖	现场查看、生活常识	①凶案现场的鞋印与汤姆的鞋印吻合②汤姆和理查德的鞋一样	鞋

123. 旅馆里的凶案

一天，旅馆里发生了一起谋杀案，一位妙龄女郎被人用水果刀从背后捅死了。

"她名叫梅丽莎,"警察向闻讯赶来的探长梅特雷介绍情况,"她上周才与水手西奥多·道恩完婚,他们在第三大街买了一套小巧的新房作为婚房。"

"有嫌疑对象吗?"

"可能是面包店的查理·巴尼特。梅丽莎曾与巴尼特恋爱,但最后选择了西奥多。"

"我们去拜访一下巴尼特吧。"探长说完便出了门。可能是不小心,他把一支绿色金笔掉在了旅馆门口。

他们来到了面包店,找到了巴尼特。不过,巴尼特发誓说自己根本就没有离开过面包店,甚至不知道梅丽莎被人杀了。

"好吧,我把你的话记录一下。"梅特雷一边说,一边伸手到上衣袋中去拿笔,"噢,糟糕,我的金笔一定是刚才不小心掉在梅丽莎的房间了。我还得马上去找法医。你不会拒绝帮我去拿回金笔,送到警察局吧!"

巴尼特看上去似乎很犹豫,但他最终还是耸耸肩膀说:"好吧。"

当巴尼特将金笔送到警察局时,他立即就被逮捕了。为什么?

☆**侦探小助理**

讲述人	时间	地点	事件	侦查手段	证据及线索	关键点
警察	某天	一家旅馆	梅丽莎被杀	询问、心理分析	探长梅特雷请求巴尼特将金笔找到	所在地

124. 不在现场

某夜，一名男子在家中被杀害。案发后，警方传讯了一名嫌疑人。但该人却矢口否认杀人。

他说："案发时，我正在家中给老朋友打电话，我家离凶杀现场很远，怎么能一边行凶，一边打电话呢？"

警方向嫌疑人的老朋友调查。他证明在案发时间内确实接到过嫌疑人的电话，并从电话中听到了建筑工地上工人们打桩的声音。原来在嫌疑人住所附近，刚好有一个地段在进行打桩工程，声音从早晨持续到夜晚。警方实地勘查后，证明证人没有做假证。

老练的摩里斯探长看完全部案卷后，建议警方逮捕了这个嫌疑人，因为他的确是个杀人犯。

请问：罪犯是用什么方法制造了不在现场的假象呢？

125. 小游艇上的凶案

一艘小游艇在风暴中东摇西晃，颠簸前行。

风暴暂息时，一号甲板上传来一声枪响。犯罪学家福德尼教授扔下那本他一直未能读进去的侦探小说，几个箭步就冲上了升降口扶梯。在扶梯尽头拐弯处，他看到斯图亚特·迈尔逊正俯身望着那个当场亡命的人的尸体。死者头部有火药烧伤。

拉森船长和福德尼马上展开了调查，以弄清事发时艇上每位乘客所在的位置。

调查工作首先从离尸体被发现地点最近的乘客们开始。

第一个被询问的是内森·柯恩，他说听到枪声时，正在舱室里写一封信。

"我可以过目吗？"船长问道。

福德尼从船长的肩上望去，看到信笺上爬满了清晰的蝇头小字。很显然，信是写给一位女士的。

下一个舱室的乘客是玛格内特·米尔斯韦恩小姐。"我很紧张不安。"她回答说，由于被大风暴吓坏了，大约在枪响前一刻，她躲进了对面未婚夫詹姆斯·蒙哥马利的卧舱。后者证实了她的陈述，并解释说，他俩之所以未冲上过道，是因为担心这么晚同时露面的话，也许会有损于他俩的名誉。

经过调查，其余乘客和船员的所在位置都令人无懈可击。

请问，福德尼怀疑的对象究竟是谁？为什么？

☆ **侦探小助理**

讲述人	时间	地点	事件	侦查手段	证据及线索	关键点
福德尼教授	某天	一艘小游艇上	一号甲板上传来一声枪响，死者头部有火药烧伤	询问、物证	①内森·柯恩当时正在写信，信笺上是清晰的蝇头小字②之前有风暴	蝇头小字

126. 是巧合还是谋杀

一个岛上有很多椰树，同时也有很多的椰蟹。

一个夏天的午后，沙滩上三三两两的人在海水中嬉戏，享受阳光。一对夫妻沿着海岸散步，看到一个青年男子躺在椰树下，用草帽盖着头部，似乎睡着了。但细心的妻子发现青年男子头部好像有鲜血流出，他们马上报了警。

警察赶到，发现该男子已经死了两三个小时了，他的太阳穴被打破。尸体旁边有一颗大椰子，椰子上还沾着血迹，椰树下的沙地上还留有大椰蟹爬过的痕迹。

案件似乎很明了：当青年在睡觉时，一只大椰蟹爬上椰树，用自己的大剪刀剪断了椰柄，使椰子掉下来正好砸在睡觉的青年男子头上。又大又重的椰子从十五六米的高处落下来，打在太阳穴上，人一下子就会被砸死。但聪明的警探老王却认为这是一起谋杀案，你知道为什么吗？

127. 奇怪的密室杀人案

一天，在伦敦市发生了一起奇怪的密室杀人案。在一间空房里发现了一具少年的尸体，他是被绳子勒死的。这个少年几天前遭绑架，被罪犯勒索了10万美元赎金后下落不明。

少年是在一间存放杂物的储存室内被勒死的。可奇怪的是，门从里面反锁着，而且墙板上有无数个铁制的钉帽。一切都表明，这间房子是纯粹的密室，大概是罪犯为了不让别人发现而故意选择了这个密室的。

那么，这样一来，勒死少年后，罪犯又是从什么地方、怎样离开房间的呢？

负责调查这个案件的刑警很小心地进入这个房间后，用铁锤和拔钉器起开墙上的壁板，很快就发现了罪犯的诡计。

试问：罪犯是怎样逃离这间密室的呢？

☆侦探小助理

讲述人	时间	地点	事件	侦查手段	证据及线索	关键点
刑警	某天	伦敦市的一间空房里	发现一具少年的尸体，是被绳子勒死的	现场查看、推理	刑警用铁锤和拔钉器起开墙上的壁板	壁板

128. 被害人溺水死亡

星期天早晨，G 湖水面上漂浮着一具垂钓者的尸体。看上去像是乘租用的小船垂钓时船翻溺水而死的。死亡时间是星期六下午五点钟左右。

警方认为这起死亡事件是单纯的意外事故，但亨利侦探调查后认定是他杀案。而凶手竟是死者一个在某大学附属医院任药剂师的朋友，因为他欠死者很大一笔债。

可是，罪犯有不在现场的证明。星期六他租用另一条小船在 G 湖和被害人一起钓鱼，下午三点钟左右与被害人分手，一个人乘坐 G 车站 15 时 40 分发的电车回到 K 市自己的家里。列车到达 K 市车站是 18 时 30 分。这期间罪犯一直坐在列车上，并有列车员的确切证词。但是，亨利侦探还是揭穿了他巧妙作案的手段。

请你推理一下，罪犯用了什么手段使被害人溺水而死的呢？

129. 同事间的生死较量

艾伦和布伦特是同事，但二人因为升职的事，暗中互相较劲，并相互拆台，但表面上，他们两人很亲热。

一天，艾伦邀请布伦特到家中做客。布伦特来到艾伦家，先和艾伦及艾伦的家人玩了几圈麻将。后来，艾伦端来了水果请布伦特吃。布伦特顺手拿起了一个大苹果，但感觉太大，艾伦说我们一人一半，布伦特同意了。

但刚吃完苹果，布伦特便捂着肚子喊起痛来，不一会儿竟停止了呼吸，这可把艾伦全家吓坏了。警察赶来时，也犯了愁。"因为死因虽然是中了氰化钾毒而死，但布伦特是自己随意拿的苹果，而且艾伦也和他同吃了一个苹果，这怎么也不可能是艾伦害死的。"警察拿着水果刀思索着。但其实

正是艾伦下毒杀死了布伦特,你能猜到是怎么回事吗?

☆ 侦探小助理

讲述人	时间	地点	事件	侦查手段	证据及线索	关键点
艾伦	某天	艾伦的家	布伦特到艾伦家做客中毒而死	现场查看、情景再现	①艾伦和布伦特两人同吃了一个苹果②是艾伦用水果刀切了苹果	水果刀

130. 离奇死因

富翁被杀死在正在装修的别墅里。

侦探和警长正站在死亡现场。这是别墅二楼富翁的房间里,楼下是他侄子的房间。

警长挠挠不多的几根头发:"侦探,你怎么看这个案件?太不可思议了!"

侦探一言不发,仔细地看着现场。

富翁的尸体就仰躺在床上,背部有个伤口,警察在伤口处找到一颗来复枪的子弹。伤口周围的皮肤有裂痕和灼伤的痕迹,看来应该是近距离的枪伤造成的。床上有一个枪洞,一直通向楼下。

侦探来到一楼富翁侄子的房间,天花板上也有一个洞,洞口同样有烧灼的痕迹,估计凶手是贴着天花板开的枪。洞口也正对着死者侄子的床。但是凶手如何确定死者在床上的位置的呢?而且死者的侄子说自己前一天晚上(估计的案发时间)喝醉了在朋友家睡的,一夜未归,有朋友可以做证。

警长叫来了别墅的管家,他证明死者的侄子确实出去也没看见他回来过。死者的家仆证明说别墅的所有钥匙只有管家和富翁本人有，别人没有钥匙是进不了门的。

侦探沉思着又回到案发现场，死者的尸体已经被送去化验。这时他突然发现死者睡觉的地方竟然留下一个跟尸体轮廓相同的印记。床单上的印记部分明显变黑了。

他猛然回头看看外边，窗外就是工地。

侦探的眼睛从许多的大型机器上一一扫过，嘴角也露出了笑容。证据和凶手都找到了。

请问凶手是谁，他所用的方法是什么？

131. 酒店谋杀案

酒店客房之内，发现一具尸体，死者在反锁的房间内被杀，死因是左眼被毒针刺伤致死。

但事后警方经过多方调查，发现门锁并未被破坏，而当案发时，窗门也都是关着的。

现场没有发现毒针之类的凶器，所以可以排除死者是死于自杀的可能。后来，警方了解到死者三十几岁，名叫李卫，是一名职业记者。

试问：凶手可能是怎样杀害记者的呢？

132. 主谋

星期三的早上，邓先生被发现死在家里。他是在和张先生通电话时被自己养的狗咬死的。最近，因邓先生外出，这只狗曾委托张先生代为照顾，谁知狗刚被送来便咬死了主人。

于是，张先生成为嫌犯，但无确凿证据。因为邓先生被狗咬死时，张先生在5千米以外的家里。假使他在照顾狗期间将狗训练成咬人的工具，也不可能在5千米之外发号施令，指挥狗咬人。

因此，一般人都推断是狗兽性突发，将邓先生咬死的。但负责这件案子的探长却有不同见解，而且断定主谋就是张先生。

那么，探长凭什么断定张先生就是主谋呢？

133. 特工情报员遇害

深夜，一个特工情报员在一条可容两辆车并排行驶的公路上行走。

他准备步行到公路的某个联络点A递交一份秘密情报，深夜的公路静悄悄的。突然，情报员见到前面一辆车，开着亮灯，在路中急速行驶，向着自己冲来，两盏车头灯的强光，非常耀眼。

对方来势汹汹，但情报员十分镇静，他在路中心走着，等到迎面而来的车差不多到达眼前时，才突然向路边一跳，企图避过对方。

但是，只听见一声巨响，已经跳到路边的情报员，突然被车子撞倒，到底是什么原因呢？

134. 移花接木

晶晶死在卧室里，尸体是被来访的记者朋友发现的。他立刻拨打了110，警察和法医以最快的速度赶到了现场。

大约过了一个小时。"死因和死亡时间出来了吗？"警察问法医。

"是他杀，大概已经死了23个小时了，但现场没有作案的痕迹。"法医回答。

"那就奇怪了。"

警察忽然注意到桌子上的蜡烛在燃着，他顺手打开日光灯，却发现停电了。猛然，他意识到了什么。

"这尸体是从别处移过来的。"

请问，警察是凭什么做出推断的？

135. 死亡与鲜花

夏天，某女侦探去郊游。她在河边的草丛里发现了一具尸体。尸体旁边有一个空果汁瓶。

女侦探马上报告了警方。警察赶来，发现死者身边的果汁瓶上有毒。搬动尸体时，下面正好压着的一棵月见草盛开着一朵黄色的小花。

警方验尸后说："死亡时间大约在24小时之前，很可能是昨天下午在这里服毒自杀的。"

女侦探却不同意这个结论。她认为，死者并不是死在此地的，这里不是第一现场。也就是说，尸体是由别人扔在这里的。

请问：女侦探是怎么推断的呢？

136. 空姐被杀

一天晚上，住在某旅馆里的一位空姐被人枪杀。凶手是从30米外对面的屋顶用无声手枪射中她的。

窗户是关着的，窗子上有一个弹洞。从这一迹象看，凶手只开了一枪。但奇怪的是，被害者的胸部和腿部都中弹了——大腿被子弹射穿，胸部也留有子弹。这样看来，凶手好像开了两枪。

如果凶手开了两枪，那么另一颗子弹是从哪里射入被害者的房间的？这颗子弹又在哪里？大家无法回答，于是去请教大胡子探长，他肯定地回答："开了一枪。"

大胡子探长为什么这样说呢？

☆侦探小助理

讲述人	时间	地点	事件	侦查手段	证据及线索	关键点
大家	一天晚上	某旅馆里	一位空姐被枪杀	现场查看、推理	①凶手只开了一枪②被害人的胸部和腿部都中弹了	动作

137. 请专家来断案

某地，曾发生过一起疑案：一个被杀者的尸体躺在床上，法医在检查现场时，竟从没有血迹的枕套上验出了血型。开始他们以为是被害者的唾液等分泌物沾在上面造成的，但用抗原体检验后，发现了 A 型和 B 型两种抗原，无法确定是 A 型、B 型、AB 型血的哪一种，而被害者是 O 型血。警察们绞尽脑汁，百思不得其解。

一波未平，一波又起。在该地中部，有一次警察在撞伤人的车轮上验出了 O、A、B 几种血型，这辆肇事车是撞伤人后仓皇地逃窜到山村的小路上，才被警察抓获的。

这是怎么一回事？难道这辆车不止一次地出过事故？警方面对前后两个谜，前往警察科学研究所求教，这才找到了答案。

你能猜出问题出在哪儿吗？

138. 子弹会拐弯吗

一位被警方押送的罪犯趁警察去列车长那儿要求调换座位时，偷偷地跑掉了。他藏在车头靠近机车的位置，正暗自庆幸时，没有想到他已被派来杀人灭口的杀手盯上。

在列车要经过一段坡度很大，且弯度也很大的地段时，列车播音员提醒广大旅客要注意。当列车顺利经过时，这位罪犯却已经被枪杀而死。经警方调查，杀手是在列车车尾处射击的，而罪犯却在车头，世界上还没有射程这么远、子弹会拐弯的枪吧？

你知道这是怎么回事吗？

139. 第二枪

大楼的一间公寓里突然传出枪声，管理员赶忙过去查看，可是房门锁着，打不开。他正准备破门而入时，里面又传出枪声，子弹穿过门，差一点儿打中管理员。

管理员胆战心惊地打开门，看到一个男子右手握枪，伏在桌上，已经死了。

警方验尸后发现，死者头部有一个很大的弹孔，现场留有遗书，证实这是自杀。

可是，头部中弹会立即死亡，死者怎么有可能再开第二枪呢？

那么，究竟是谁开的第二枪？

☆侦探小助理

讲述人	时间	地点	事件	侦查手段	证据及线索	关键点
管理员	某天	大楼的一间公寓里	一个男子右手握枪，伏在桌上死去	现场查看、推理	①死者头部有一弹孔 ②当时传出两声枪响	枪响

140. 游船上的谋杀案

狂风怒号，海浪滔天，台风就像一个喝醉了酒的狂人，在肆意地发着酒疯，把海水搅得天昏地暗。海面上已经看不见任何船只了。渔船都避到港湾里，落下了帆，抛下了锚，等待着台风过去。

这时候，海岸警卫队接到 SOS 求救信号：有一艘游船，被困在大海里，随时有沉没的危险！海岸警卫队立刻派出救生快艇，冒着大风大浪，向出事的海域驶去。

天漆黑一团，再加上十几米高的海浪，冲撞着快艇。小艇就像一片树叶，一会儿被抛上半空，一会儿又被压到浪底。几小时以后，快艇来到了发出信号的海面上，打开探照灯，四处搜寻着。

忽然，负责观察的水手叫起来："快看！那边有人！"探照灯"唰"地照射过去，在雪亮的光柱下，可以看见有一艘小游船，在海面上漂荡，一个男子在用力挥手，旁边还躺着一个人。救生艇赶快靠过去，经过无数次的努力，终于把他们救了上来。可是，那个躺着的男子已经死了，他的头上有一个大窟窿。

活着的那个男子满头大汗，他擦了一把汗，喘着气说："我叫保罗，已经3天没有喝上淡水了。两天前，我和汤姆驾着小帆船，出海去游玩，我们只顾得高兴，来到了离海岸很远的地方，这时候，船出了故障，无法再行驶了，又遇上了台风。船上没有食品和淡水，我们都又饿又渴。今天，汤姆实在忍不住了。到船舷边舀海水喝，脚下一滑，头撞到铁锚上死了。幸亏你们来了，不然我也没命了！"艇长听了他的话，立刻命令士兵："他就是凶手，马上把他监禁起来！"

艇长为什么会怀疑那个男子是凶手呢？

141. 阳台上的枪杀案

星期天清晨，体操运动员伊里杰夫很早就起床了：他住在体育公寓的6楼，有一个很大的阳台，阳台的一角放着训练器械。他来到阳台上，一会儿压压腿，一会儿弯弯腰，一会儿双手倒立，一会儿引体向上……对面阳台上，有个小朋友看得直叫好，可是喝彩声刚落，"砰"的一声枪响，伊里杰夫就倒在阳台上，不动弹了。小朋友吓得捂住了眼睛，大声喊："爸爸，爸爸，对面的叔叔被打死啦！"

麦克奎尔探长接到报案，直奔现场。他检查了尸体，发现子弹是从背后射进去、从小腹穿出来的，有一颗弹头嵌在阳台的地板上，和死者的伤口完全吻合。探长挖出弹头，发现这是小口径步枪子弹头，是专门用于射击比赛的。

探长又做了进一步的调查，得知在这幢公寓的二楼，住着一位射击运动员，人称"神枪手"，就对他进行询问。"神枪手"生气地说："探长先生，你不应该怀疑我，因为我听说子弹是从他后背进去，下腹部出来的，凶手显然是从上面往下射击，我在二楼是没有办法射中他的啊！"

探长问了射击运动员的邻居，证明他早上确实没有出门。那么凶手究竟是谁呢？

麦克奎尔探长很快就有了答案。

从现场情况分析，你认为麦克奎尔探长会说谁是凶手呢？

☆ 侦探小助理

讲述人	时间	地点	事件	侦查手段	证据及线索	关键点
一个小朋友	星期天早晨	体操运动员伊里杰夫的公寓	伊里杰夫被枪杀	现场查看、推理	①伊里杰夫住在6楼 ②子弹从死者背后射进去、从小腹穿出来 ③"神枪手"在二楼	动作

第六章

深度逻辑推理

142. 一片沉寂

警长罗斯的别墅同哈利的寓所相距不远。一天夜里，突然一声枪响。罗斯闻声往外跑，正碰上哈利。哈利喊道："托尼被枪杀了！"

罗斯边走边听哈利诉说："托尼是我的客人。刚才我俩正看电视，突然电灯全灭了，我正要起身查看原因，前门开了，闯进一个人来，对着托尼开了两枪，没等我反应过来，那人已无影无踪了。"

进入寓所，罗斯发现房间里很黑，用手电照着托尼，他已死去。罗斯到车库里把被人拉开的电闸合上，房间里的灯立刻亮了。

第二天，名探洛克听着警长罗斯复述在现场所见，问道："开闸后电灯亮了，这时寓所里还有什么响动？"

罗斯说："一片沉寂。"

洛克说："够了。哈利涉嫌谋杀成立。"

请问：洛克为什么做出这一判断？

☆ 侦探小助理

讲述人	时间	地点	事件	侦查手段	证据及线索	关键点
警长罗斯	一天夜里	哈利的寓所	托尼被枪杀	现场查看、推理	①案发当时电闸被关上②电闸合上以后一片沉寂	电视

143. 等鱼上钩

一日，张生投店住宿。半夜，有人用他的刀杀了店主，之后又把刀插回原鞘。

张生并未察觉，次日清晨就离开了客栈。天亮后，店里人见主人被害，把张生追回，查看佩刀，只见鲜血淋漓。张生瞠目结舌，无法辩白，被送到官府，重刑之下，只好招认店主是自己杀的。

主审官觉得有些可疑，便下令把当夜在店中的15岁以上的人都集中起来，然后又把他们放了，只留下一个老妇人。每天如此，几天之后，罪犯便自投罗网。

试问，这是什么道理呢？

144. 寓所劫案

一个画家的寓所遭到抢劫，警方立即赶到现场。他们发现大门是开着的，就在他们走进大厅时，突然听见从卧室传来阵阵痛苦的呻吟声，进去一看，原来画家身负重伤倒在地上。

画家忍痛发出微弱的声音："快……地道……"说着右手吃力地指向床底，警方随着他指的方向发现有一块板子，下面可能有地道，大概作案人是从这里逃出去的！但是警方却没有找到这个地道的开关。

就在这时，画家又用十分微弱的声音吃力地说道："……开……关……掀……米……勒……"说完就断气了。

警察反复地琢磨着"……开……关……掀……米……勒……"这句话，然后环顾了一下四周，发现房间里有一幅米勒的画像，还有一架钢琴。

警察立即认定开关设在米勒的画像后面。可是他们将画像掀开后，却没有找到开关。

就在这时候，一位警察灵机一动，找出开关所在，并沿着地道一路追踪，将罪犯抓获。

请问，你知道地道的开关设在哪里了吗？

145. 不早不晚，正好七点

早晨，当埃里森探长赶到凶杀案现场时，屋里的挂钟正"当当"地响了七下。探长下意识地抬腕看了看自己的手表，不早不晚，正好七点。已在现场调查取证的一位侦探报告说："经过仔细检查，没有发现其他证据与线索，除了这盘磁带。它是最重要的证据，显示受害人被杀的时间是昨天晚上 10 时 6 分。"

原来，侦探们接到报案赶到案发现场后，在一台收录机中发现了一盘未被取走的磁带。侦探们倒带听了一下录音，立刻就发现了这一重要线索。

"噢，那么准确？"埃里森探长随口问了一句。

"磁带中录的是昨晚曼联和阿森纳两支英超球队的比赛实况。就在曼联球员攻入制胜的第三个进球的时候，磁带中突然响起了枪声，一共是两声，接着就是一阵呻吟声。经与负责昨晚电视转播的电视台确认，当时的时间是 10 时 6 分。"

"如果事情果然是这样的话，这是第二现场。"埃里森探长示意再听一下录音带。

"不会吧？我们听了好几遍了。"

请问：你知道埃里森探长为什么这么肯定吗？

☆侦探小助理

讲述人	时间	地点	事件	侦查手段	证据及线索	关键点
一位侦探	早晨七点	案发现场	凶杀案	物证、推理	①埃里森探长听到屋里的挂钟响了七下②磁带中录有球赛实况并且有枪声	钟声

146. 一尊假香炉

一天夜里，在西湖旅馆对面的一所民宅中，侦察员老李坐在窗台前，透过窗帘的缝隙，目不转睛地盯视着西湖旅馆。

一会儿，只见一个瘦高个儿的中年人，鬼鬼祟祟地走到旅馆门前，四处张望了一下，闪身走了进去。

这时，老李猛地推开了窗户，跳出去直奔旅馆大门，小王和其他十几名侦察员也跟了上去。

早已埋伏在旅馆里的两个侦察员堵住了旅馆大门，然后把老李他们让进去。

老李带着侦察员迅速来到了219号房间。他敲了敲门，见没有人应声，便一脚把门踹开，冲进屋去。

"不许动！都靠墙站着，举起手来。"老李平端着五四式手枪，厉声喝道。

屋子里的七八个人都惊呆了，片刻才明白过来，慢慢地举起了双手。

老李对那个瘦高个儿的中年人说道："郎有财，你盗窃国家文物，勾结不法港商，走私贩私，终究逃脱不了人民的法网。"

小王上去给郎有财戴上了手铐。

"把他们带下去！"老李让侦察员把这些盗窃国家文物、走私贩私的不法分子押出了房间。

随后，老李和小王几个人开始查收赃物，当见到上个月博物馆被盗的那个香炉完好无损地放在这里时，老李他们的脸上都露出了欣慰的笑容。

老李仔细端详着这个香炉。他发现这只香炉做工精细，造型很美，上面还雕着两条盘龙，龙嘴下有一条凸起的长带，上面刻着一行小字：公元前128年制造。

"老李，要不要请博物馆的同志鉴定一下？"小王问道。

"好吧，立即派车到博物馆请一位专家来！"小王应声离去。老李又捧过那个香炉仔细端详着。蓦地，他像发现了什么，立即对身旁的一位侦察员说："赶快把小王喊回来，传审郎有财！"

一会儿，小王回来了，郎有财也被带到了老李面前。在老李锐利的目光的逼视下，郎有财只得如实招供。原来，被搜查出来的是一个赝品香炉，而那件真品却被他们转移到了另一个地方。按照他所提供的地点，果然找到了那个真品香炉。

事后，小王找到老李，询问他是根据什么断定那个香炉是伪造的。老李指着那个香炉说："这只香炉，虽然伪造手艺不错，可惜他们太蠢了。"

"蠢在什么地方呢？"小王不解地问。

老李指出的仿造者的愚蠢之处在什么地方呢？

147. 小福尔摩斯

本杰明是一名普通的六年级学生。不过，他认为自己是个小福尔摩斯。一天，在路上散步时，他注意到有两个人正在争论着什么，就跑过去看看是怎么回事。本杰明认出这两个人是他的同学杰里米和雅各布。杰里米正在指责雅各布杀死了他最心爱的宠物——蟑螂！雅各布则辩解说："今天早晨，杰里米让我帮他照看一下他的蟑螂，所以我一天都把它带在身边。大约半小时以前，我发现蟑螂好长时间没有动弹了。我拍了拍笼子，它毫无反应，于是我就打电话给杰里米。当时，蟑螂就像现在这个样子。可是，杰里米却说我杀了他的蟑螂。真是好心没好报！"

本杰明看了看背上还带有光泽的蟑螂尸体，想了一会儿，最终断定的确是雅各布杀死了蟑螂。

他是怎么知道的？

☆ 侦探小助理

讲述人	时间	地点	事件	侦查手段	证据及线索	关键点
杰里米	某天	路上	杰里米将宠物蟑螂交给雅各布照看，蟑螂死了	物证、分析	蟑螂显现出背上的光泽	蟑螂背部

148. 三个嫌疑人

法院开庭审理一起盗窃案件，3个嫌疑人A、B、C被押上法庭。负责审理这个案件的法官是这样想的：肯提供真实情况的不可能是盗窃犯；与此相反，真正的盗窃犯为了掩盖罪行一定会编造口供。因此，他得出了这样的结论：说真话的肯定不是盗窃犯，说假话的肯定就是盗窃犯。审判的结果也证明了法官的这个想法是正确的。

审问开始了。

法官先问A："你是怎样进行盗窃的？从实招来！"A叽里咕噜地回答了法官的问题，因为他讲的是某地的方言，法官根本听不懂他讲的是什么意思。法官又问B和C："刚才A是怎样回答我的提问的？"B说："法官大人，A的意思是说，他不是盗窃犯。"C说："法官大人，A刚才已经招供了，他承认自己就是盗窃犯。"

听了B和C的话之后，这位法官马上断定：B无罪，C是盗窃犯。

请问：法官为什么能根据 B 和 C 的回答做出这样的判断？A 到底是不是盗窃犯呢？

149. 拿走了一颗珍珠

侦探威尔正在因特网上冲浪，这时他的信箱里突然收到了一封紧急求助信。写信的是他的朋友百万富翁福斯特。

"威尔，我需要你的帮助。你知道，我有一个非常名贵的卢米埃尔首饰盒。这是著名的工艺大师卢米埃尔的杰作，在他去世之前，他总共只完成了四个这样的首饰盒。很幸运，我得到了其中的一个。我在首饰盒里放的是一串珍珠项圈，上面有整整 100 颗珍珠。我总是把锁首饰盒的金钥匙挂在脖子上。昨天我举办了一场宴会，其间把首饰盒拿出来给大家欣赏，因为它本身就是一件珍宝。然后，有人想看看这个小小的首饰盒里面放的项圈。于是我拿出钥匙准备开盒子。令我惊讶的是，首饰盒上的金锁居然被弄坏了，好像有人想强行打开它一样！我的金钥匙不管用了，所以我只能把金锁撬开。项圈还在盒子里面，我松了一口气。不过你知道，我是个疑心很重的人，所以我又数了数项圈上面的珍珠。奇怪的是，只有 99 颗！我数了两遍，都是这样。那个窃贼一定是设法打开了首饰盒，同时还弄坏了那把很值钱的金锁，可是却只拿走了一颗珍珠，然后又把它锁上了。你说奇怪不奇怪？威尔，请帮帮我。我该怎么做呢？"

威尔读完了信，上网查了查关于卢米埃尔首饰盒的信息，并在一张纸上记下了3个名字。然后，他开车去了福斯特的别墅，向福斯特要了一份参加宴会的客人名单，与他自己的名单对了对。上面有一个名字是相同的。

威尔对福斯特说："我认为这个人就是窃贼！"

威尔是怎么知道的？他手上的那份名单是什么？窃贼为什么只拿走了一颗珍珠？

☆侦探小助理

讲述人	时间	地点	事件	侦查手段	证据及线索	关键点
百万富翁福斯特	某天	一场宴会上	福斯特的珍珠项圈少了一颗珍珠	物证、情景再现	①首饰盒上的金锁不能用金钥匙打开②珍珠项圈上的珍珠只少了一颗	首饰盒

150. 藏珠宝的罐头

一个夏日的清晨，波兰卡尔拉特市警方得到了可靠的情报，一个化名米希洛的法国走私集团的成员，从华沙市及维瓦尔市弄到许多珠宝，装在一听柠檬罐头里面企图蒙混出境。

该罪犯所带的罐头外形、商标和重量与正常的罐头完全一样。为了查获珠宝罐头，女警官尼茨霍娃奉命前去海关协助检查。临行时，局长再三强调，一定不能损坏出境者的物品，以免万一判断失误，造成不良国际影响。

尼茨霍娃警官驱车来到海关后，开始注意带罐头的外国人。果然不出所料，"目标"已到了海关。在接受检查时，那个化名米希洛的人，出境时带着 12 听罐头，都是柠檬罐头。尼茨霍娃知道，靠摇晃罐头无济于事。于是她佯笑地问："先生，你带的全是柠檬果汁吗？"

"当然是。"米希洛彬彬有礼地含笑回答，毫无异色。

尼茨霍娃警官淡淡一笑，使了一招，然后取出其中一听罐头厉声问道："这听不是柠檬果汁！"打开一看，果然是珠宝。那个化名米希洛的走私犯低下了头。

你知道女警官尼茨霍娃采取什么妙法，查出了藏珠宝的柠檬罐头吗？

☆侦探小助理

讲述人	时间	地点	事件	侦查手段	证据及线索	关键点
警方	一个夏日的清晨	海关	嫌疑人走私珠宝	物证、分析	嫌疑人称所有罐头都是柠檬果汁	罐头

151. 那个人就是罪犯

一天晚上，一位教犯罪学的女士阿格瑟从学校回家，途中发现一家珠宝店被抢。店员告诉她，抢劫犯是个身穿晚礼服的男子。

阿格瑟一面安排报警，一面查看了店的四周及那一段街道，发现一辆小车停在那里，一个人伏在方向盘上。她走上去，看见那个人确实穿着晚礼服。阿格瑟叩开车门，那个人从车内探出头来。

"我要调查一桩抢劫案，"她说，"警察马上就到。请你告诉我，你在这里干什么？"

那人回答道："我在等我弟弟，我们将去参加一个婚礼。"

阿格瑟说："一个身着晚礼服的人抢劫了一家商店。"

那人气愤地说："那与我无关。假如我抢劫了珠宝店，难道我还会这样装束，等你来抓我吗！"

阿格瑟说："走，到法庭去辩论吧！"

阿格瑟为什么这样说？

152. 智寻窃贼

美国 GH 公司的经理金斯先生从巴黎返回旧金山，他从机场直接回到公司，刚刚走进办公室，女秘书就跟进来说她女儿今天生日，特来请假回家。金斯掏出钱夹，从里面抽出 20 美元，让她给女儿买件生日礼物表示祝贺，顺手将钱夹放在桌上，然后打了几个电话，处理了这几天积压的工作，其间办公室里来人不断。金斯处理完工作回到家时，发现自己的钱包遗忘在办公室了。他急忙返回公司，这时离下班还有 10 分钟，全体员工仍在工作，金斯先生推开办公室的门，钱包还放在桌上，但里面 1.9 万美元和各种证件不翼而飞了。

金斯先生赶紧给他的好友劳思探长打电话，请他来帮助找回丢失的钱物。不一会儿，劳思赶到公司，说有办法找到窃贼。他将所有的员工召集起来，说："今天你们的老板将钱包放在办公桌上,钱包里的钱和证件被人偷走了,遗憾的是窃贼不知道这是金斯先生设下的一个圈套,他想借此考察公司职员的忠诚。现在我们已经知道这个窃贼是谁了。"金斯接过话说:"我请劳思探长来,不仅要这个贼当众出丑,而且要让大家明白法律对盗窃罪的严厉惩处。"话音刚落,场内一片喧哗。

劳思探长又说道:"现在我给每人发一根草棍,只有一根稍长一些,金斯先生已暗示我把这根草棍发给那个窃贼,你们互相比比草棍的长短,就知道谁是窃贼了。"

不一会儿,果真找出了窃贼,并从他的柜子中搜出了丢失的钱和证件。

劳思是怎样找到窃贼的?

☆侦探小助理

讲述人	时间	地点	事件	侦查手段	证据及线索	关键点
金斯先生	某天	金斯办公室	钱包里面的1.9万美元和各种证件不翼而飞	观察、心理剖析	劳思探长说只有给窃贼的那根草棍稍长一些	心理

153. 警员与警长

傍晚，一位男士冲向马路中间拦车，原来是他母亲心脏病突然发作。一辆救护车从东向西飞驰而来，那男士拦下了车，可司机却说他们要去接一名生命垂危的病人，没时间救他母亲。这位男士便同司机大吵起来。

这时，一辆去城西堵截三名抢劫银行歹徒的警车正好经过，见这里交通堵塞，他们便去疏通。最后，司机只好让车上的两名医生下去，将昏迷的患者抬上担架。

当警长看到患者被头朝外、脚朝里地抬上救护车时，立即下令将他们抓了起来，并从车上的急救箱中搜出整捆的钞票。原来他们就是那三名抢劫犯。

事后，警员们问警长："你怎么知道他们就是歹徒呢？"

警长微笑着说："这是一个常识性的问题，你们自己去想吧！"

154. 赃物藏在何处

在打击贩毒分子的活动中，警方歼灭了一个犯罪团伙，在罪犯的口袋中，警方搜到一张纸条，上面写着："某日下午三点，货在某区云杉树顶。"警方迅速赶到现场查看，发现这棵树并不高，而且货物明显不在树顶。于是，他们重新认

真推敲那句话的意思,最后终于在正确的位置将货物取出。

你知道正确位置是哪里吗?

155. 银行抢劫案

一家银行发生了一起抢劫案,劫匪抢走了保险柜里的几万美元,然后劫持了银行的助理会计斯通先生,坐进小汽车里逃跑了。

不久,警察接到电话,是斯通先生打来的,他说自己已经成功地从劫匪那儿逃跑了。他向警长讲述了自己的经历:"我刚走进银行,三个蒙面的劫匪就冲了过来,用枪指着我,逼我打开了银行的保险柜。他们把里面的钱洗劫一空之后,还把我拖上汽车,然后就发动汽车向外逃走了。"

"那你是怎么逃出来的呢?"警长问道。

"离开银行之后,一个劫匪就把抢来的钱从银行的钱袋里倒出来,放到一个他们自己准备的包裹里。然后,他们把钱袋扔出了车窗。又过了两个街区,正好碰上了红灯,车子停住了。

我瞅准机会，突然打开车门，从车里跳了出来，然后飞快地跑到最近的一所房子里。很幸运，劫匪没有追赶我，他们继续逃跑了。"

"请你领我们沿着刚才劫匪逃跑的路线回到银行去，看看路上有什么线索吧。"

"好的。"斯通先生说完，跟着警长坐进警车，往银行的方向开去。不久他叫了起来："就是这里！钱袋就在这里！"他们停下车，捡起钱袋，然后继续往银行开去。过了几分钟，他们来到了一个红绿灯前。"这就是我逃跑的地方。"斯通先生说。

警长拿出手铐，将斯通先生铐了起来。"别再编造故事了，快告诉我们你是如何勾结劫匪抢银行的吧！"

警长为什么那么肯定斯通先生参与了这起抢劫案？

☆侦探小助理

讲述人	时间	地点	事件	侦查手段	证据及线索	关键点
助理会计斯通	某天	一家银行	劫匪抢走了保险柜里的几万美元，并挟持了斯通	情景再现、推理	斯通描述的劫匪的动作顺序	钱袋位置

156. 谁是劫匪

警官墨菲在街上巡逻时忽然听到争吵声，于是他上前查看，原来有两个男子正在争夺一块手表。这两个男子中有一个身体强壮，穿着十分得体，好像是个白领，而另外那人则身体消瘦，还穿着一条短裤，看模样像是一个蓝领工人。

看到墨菲，两人连忙停手，转而向墨菲诉说起事情的经过。身体消瘦的男子说："我下班回家时，这个人突然走过来，想强抢我的手表。"身体强壮的男子则对墨菲说："你不要相信他的鬼话。这只手表很名贵，这个人怎么有资格戴呢？"

墨菲仔细看了看这两个男子，然后拿起手表看了看。接着，他将手表交给身体消瘦的男子，并掏出手铐，铐住了身体强壮的男子。

请问：墨菲为什么能断定身体强壮的男子是劫匪？

157. 谍报员与定时炸弹

某谍报员正躺在床上看杂志，突然觉得耳边有一种奇怪的声音在响，起初还以为听错了，可总觉得有指针走动的声音。枕头旁的闹表是数字式的，所以不会有声响。一种不祥之兆涌向心头，谍报员顿时不安起来，马上翻身起来查看。

果然不出所料，床下被安放了炸弹，是一颗接在闹表上的定时炸弹。一定是白天谍报员外出不在时，特务潜进来放置的。

这是一种常见的老式闹表，定时指针正指着 4 时 30 分。现在距离爆炸时间，只剩下 5 分钟。

闹表和炸弹被用黏合剂固定在地板上，根本拿不下来。闹表和炸弹的线，也被穿在铝带中用黏合剂牢牢粘在地板上，根本无法用钳子取下切断。而且，闹表的后盖也被封住了，真是个不留丝毫空子的老手。

谍报员有些着急了。这间屋子是公寓的 5 层，不能一个人逃离了事。如果定时炸弹爆炸，会给居民带来很大的惊慌。时间一分一秒地过去，谍报员决定自行拆除，他钻进床下，用指尖轻轻敲动闹表字盘的外壳。外壳是透明塑料而不是玻璃制的，可并非轻易就能取下来。万一不小心，会接通电流，就会有提前引爆炸弹的危险。

谍报员思索了一下，突然计上心来。在炸弹即将爆炸的前一分钟，终于拆除了定时装置。你知道谍报员采用的是什么方法吗？

158. 大侦探罗波

这是个蓝色的、明亮的夜晚。

大侦探罗波正驾着一辆小轿车在郊外的大道上飞驰。在明亮的车前大灯的照耀下，他猛然发觉有个男子正匆匆地穿越公路，只得"嘎"的一下急刹住车。

那男子吓得像中了定身法似的在他的车前站住了。

罗波跳下车关切地问道："您没事吧？"

那人喘着粗气说："我倒没事。可是那边有个人正倒在动物园里，他恐怕已经死了，所以我正急着要去报案。"

"我是侦探罗波，你叫什么名字？"

"查理·泰勒。"

"好，查理，你领我去看看尸体。"

在距公路大约100米处。一个身穿门卫制服的男子倒在血泊之中。

罗波仔细验看了一下说："他是背后中弹的，刚死不久。你认识他吗？"

查理说："我不认识。""请你讲讲刚才所看到的情况。""几分钟前，我在路边散步时，一辆小车从我身边擦过，那车开得很慢。后来我看到那车子的尾灯亮了，接着听到一声长颈鹿的嘶鸣，我往鹿圈那边望去，只见一只长颈鹿在圈里转圈狂奔，然后突然倒下。于是，我过去看个究竟，结果被这个人绊了一跤。"

罗波和那人翻过栅栏，跪在受伤的长颈鹿前仔细查看，发现子弹打伤了它的颈部。

查理说："我想可能是这样，凶手第一枪没打中人，却打伤了长颈鹿，于是又开了一枪，才打死了这人。"

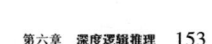

罗波说:"正是这样,不过有一件事你没讲实话:你并不是跑去报警,而是想逃跑!"

"奇怪!我为什么要逃跑呢?"查理莫名其妙地说,"我又不是凶手。"

罗波一边拿出手铐把查理铐起来,一边说:"你是凶手,跟我走吧!"

后来一审查,查理果然是凶手。可是罗波当时怎么知道他就是凶手呢?

☆侦探小助理

讲述人	时间	地点	事件	侦查手段	证据及线索	关键点
查理	明亮的夜晚	动物园	一名身穿门卫制服的男子背后中弹而死	情景再现、推理	查理称听到过一声长颈鹿的嘶鸣	长颈鹿

159. 聪明的谍报员

秘密谍报员马克来到夏威夷度假。这天,他在下榻的宾馆洗澡,足足泡了 20 分钟后,才拔掉澡盆的塞子,看着盆里的水位下降,在排水口处形成漩涡。漂浮在水面上的两根头发在漩涡里好像钟表的两个指针一样,呈顺时针旋转着被吸进下水道里。

从浴室出来,马克边用浴巾擦身,边喝着服务员送来的香槟酒,突然感到一阵头晕,随之就困倦起来。这时他才发觉香槟酒里放了麻醉药,但为时已晚,酒杯掉在地上,他也失去了知觉。不知睡了多长时间,马克猛地清醒过来,发觉自己被换上了睡衣躺在床上。床铺和房间的样子也完全变样了。他从床上跳下地找自己的衣服,也没有找到。

"我这是在哪里呀!"

写字台上放着一张纸,上面写着:"我们的一个工作人员在贵国被捕,想用你来交换。现正在交涉之中,不久就会得到答复。望你耐心等待,不准走出房间。吃的、用的房间内一应俱全。"

马克立刻思索起来。最近,本国情报总部的确秘密逮捕了几个敌方间谍。其中能与自己对等交换的只有两个人,一个是加拿大的,另一个是新西兰的。那么,自己现在是在加拿大呢,还是在新西兰?

房间和浴室一样都没有窗户,温度及湿度是空调控制的。他甚至无法分辨白天还是黑夜,就像置身于宇宙飞船的密封室里一样。

饭后,马克走进浴室,泡了好长时间,身体都泡得松软了。他拔掉塞子看着水位下降。他见一根头发在打着旋儿呈逆时针旋转着被吸进下水道。他突然想到了在夏威夷宾馆里洗澡的情景,情不自禁地嘀咕道:"噢,明白了。"

请问:马克明白自己

被监禁在什么地方了吗？证据是什么？

☆侦探小助理

讲述人	时间	地点	事件	侦查手段	证据及线索	关键点
谍报员马克	某天	夏威夷一家酒店	马克不知自己被敌方关在哪里	现场查看、分析	①谍报员所在位置是加拿大和新西兰中的一个②浴室里的水呈逆时针旋转	水流

160. 究竟发生了什么

侦探波洛接到了朋友杜弗斯打来的电话，杜弗斯对他说："你一定得过来帮帮我，我刚才被一个窃贼打得不省人事。"

波洛踩着厚厚的积雪，来到杜弗斯的家里。杜弗斯正躺在一把宽大的沙发椅里。"好了，告诉我到底发生了什么。"

"你知道，我的谷仓已经空了好些年了。可是刚才，我突然听到谷仓那里不时地传来一阵阵的声音，好像有人在敲打谷仓的门似的。我走出去，想看看是不是有人在那儿，顺便检查了一下门上的锁。一切看起来都很正常。可是当我往回走的时候，我被窃贼在头上敲了一下，倒在了地上。一醒过来，我就

赶紧给你打电话。"

波洛往窗外望去,在漫天飞雪之中,他清楚地看到了谷仓门口杜弗斯刚才留下的痕迹。"根本没有什么窃贼,杜弗斯。让我告诉你究竟发生了什么。"

那么,究竟发生了什么呢?

☆侦探小助理

讲述人	时间	地点	事件	侦查手段	证据及线索	关键点
杜弗斯	一个下雪天	杜弗斯的家	杜弗斯称出门被窃贼将头敲昏	现场查看、分析	①杜弗斯听到好像有人在敲打谷仓的门,却一切正常②当时是冬季下着雪	雪

161. 第一感觉

一天,一个侦探正走在一个大型旅馆的走廊上,突然,他听到一个女人的尖叫声:"看在上帝的分上,别开枪,约翰!"紧接着是一声枪响。

他立刻跑向传出枪声的房间,冲了进去。房间的一个角落里躺着一个妇女,子弹射穿了她的心脏,一把枪掉在房间中央的地上。

房间的另一侧站着一个男邮差、一个女律师和一个女会计师。侦探只看了看他们,就一把抓住邮差说:"我将以谋杀的罪名逮捕你。"

确实是这个邮差谋杀了那个妇女,但此前这个侦探没有见过这个房间里的任何一个人,他是怎么知道的呢?

162. 摩尔的暗示

从前,有个十分聪明的孩子叫摩尔。一次,他和父亲出门去外地,住在一家旅店里。可到了半夜的时候,有一个强盗手持钢刀闯进了他们的房间,并用刀逼迫摩尔和他的父亲交出财物,否则就要对他们行凶。

这时,打更的梆子声由远而近地传来,心虚的强盗就催促假装在找东西的摩尔赶快交出财物。可摩尔却告诉强盗,如果着急的话就必须允许自己点亮灯盏来找。于是,就在打更的梆子声在房间的门外响起的时候,摩尔点亮了灯盏,并把父亲藏在枕头下面的钱交给了强盗。可就在这个时候,门外的更夫却突然大声地发出了"抓强盗"的喊叫声,很快,人们就冲进了房间,抓住了还来不及跑掉的强盗。

你能想到摩尔是怎样为走在门外的更夫做出屋里有强盗的暗示的吗?

163. 老地质队员遇难

一个初秋的早晨,在森林里一棵大树下的帐篷里,人们发现了失踪的老地质队员的尸体,他好像是在这儿被人杀害的。

然而,公安人员得知他是个老地质队员后,只看了一眼现场,就马上下了结论:"罪犯是在其他地方作的案,然后又将尸体转移到这里来，伪装成死者在帐篷里被杀的假象。"

此结论的理由何在？

☆侦探小助理

讲述人	时间	地点	事件	侦查手段	证据及线索	关键点
公安人员	一个初秋的早晨	野外的帐篷里	老地质队员被人杀害	现场查看、分析	老地质队员的尸体在一棵大树下的帐篷里	帐篷位置

164. 聪明的警长

海滨的一幢房子发生了盗窃案。警方接到报案后，立即赶往现场调查，并在附近拘捕了两个可疑人物。面对警长的询问，第一个人掏出了他的护照，声称自己是一个游客，与盗窃案毫无关联。而第二个人则不停地用手指比画出各种手势，嘴里还发出呀呀声，表明自己是个聋哑人。警察局的所有警察都不懂手语，无法进一步询问。正在不知所措时，警长对两个嫌疑人说了一句话，他们都不约而同地站起身来。这时，警长立即知道谁是小偷了。

警长究竟说了一句什么话呢？

165. 粗心的警察

一天清晨，某商店老板被杀后，一个粗心的警察在死者衣袋里发现了一块高级怀表，然而当时已经停止了运行。

无疑，表针所指示的时间对于确定案发或死者死亡时间等是一个非常重要的线索。可是，那警察竟胡乱地把怀表的指针拨弄了几圈。侦探长问他是否记得拨弄前时针所指示的钟点。那个警察报告说："具体时间没有看清楚，但有一点我印象十分深刻，就是在我拨弄表之前，这块表的时针和分针正好重叠在一起，而秒针却停留在表面一个有斑点的地方。"于是，侦探长看了看怀表，发现表面有斑点的地方是 49 秒。他立刻拿出纸和笔计算了一下，很快就确定了案发的确切时间，从而缩小了破案范围。

请问：你知道那块怀表的指针之前究竟停在什么时刻吗？

166. 凶手就是他

日本一名私家女侦探在泰国调查一起黑帮凶杀案时，在她所住的饭店里被枪杀。附近警长带助手赶到现场，只见女侦探倒在窗下，胸部中了两枪，手里紧握着一支口红。

警长撩起她背后的窗帘一看，在玻璃上留着一行用口红写下的数字：809。他又从女侦探的提包中找出一张卷得很紧的小纸条，纸条上写着："已查到三名嫌疑人，其中一人是凶手。这三人是：代号 608 的光，代号 906 的岛，代号 806 的刚。"

警长沉思片刻，指着纸条上的一个人说："凶手就是他！"根据警长的推断，警方很快将凶手缉拿归案。

请问，凶手是谁？

167. 哪一间房

一日，警探史蒂夫来到某饭店，准备参加朋友的婚礼。就在抵达该饭店的大厅时，他临时获得一个线报：有一对警方已经通缉多时的夫妻，正投宿在该饭店的三楼。为了避免打草惊蛇，史蒂夫决定自己捉拿他们。他向饭店的前台工作人员出示了证件，查看了饭店的住宿记录，发现三楼有三间房间有人住。这三间房分别有两男、两女以及一男一女住宿，计算机上显示出的记录是："301——男、男"；"303——女、女"；"305——男、女"。

史蒂夫心想："看来，这对鸳鸯大盗一定是在305房间。"于是，他火速冲到三楼，准备一举捉拿他们。

然而，就在史蒂夫要撞破305号房门时，饭店经理突然出现了。经理把他拉到一旁，悄声对他说："其实，住宿记录已经被人窜改过了！计算机上的显示和房间里住客的身份是完全不符的。"

史蒂夫想了一会儿，只敲了其中的一个房门，听到里面的一声回答，就完全搞清楚三个房间里的人员情况了。

请问：史蒂夫到底敲了哪一间房门呢？

168. 侦探波洛

侦探波洛走进了豪华的"东方快车"的包厢，发现里面已经坐着三个人。一个是英俊的小伙子查尔斯，他背着一支猎枪，说是要去阿尔卑斯山打猎。另外两个都是美丽的姑娘，她们的名字分别是伊丽莎白和罗丝。波洛很快就看出来，两个姑娘都十分喜欢这位年轻人，而他却似乎拿不定主意去追求哪个女孩。

这天夜里，一件不幸的事情突然发生了。当时，车厢里的人都昏昏欲睡。突然，一声枪响，罗丝倒在了车厢的地板上，原来，一颗子弹击中了她。

大家都被惊醒了。波洛反应最快，在别人都还没有来得及弄明白出了什么事之前，他已经一把将罗丝抱了起来，送进了列车的急救室。过了一会儿，他走了出来，对伊丽莎白和查尔斯说："她没什么大事，只是脚上受了点伤，医生已经给她包扎好了。对了，你们刚才听到什么动静没有？"

伊丽莎白和查尔斯异口同声地说："没有，我睡着了。"

"还有，她穿的鞋被打坏了，得给她送只鞋去。"波洛又说。

伊丽莎白赶紧回到车厢，找出了一只右脚的鞋，向急救室走去。

谁知这时波洛厉声喊住了她："别去了，还是先告诉我你为什么要故意打伤她吧！"

波洛为什么这样说呢？

第七章

另辟蹊径破疑案

169. 伪证据

"我正站在商店门口，等我丈夫开车接我回家，突然有个人冲了过来，一把抢走了我的钱包！我只看到了他的背影。"一个妇女正在向警察讲述自己的遭遇。

警察找到了一个目击证人。他说自己当时正坐在旁边的一张长椅上。"这位女士站在我前面大约两米的地方，拿着好几个购物袋，还有她的钱包。一个穿着牛仔裤和皮衣的大块头抢走了她的钱包，并且拉开旁边的救生门，消失在大楼里面了。"

几个小时之后，警察在这个目击者的汽车里找到了被抢走的钱包，并逮捕了他。

警察怎么知道他与这起抢劫案有关呢？

☆ **侦探小助理**

讲述人	时间	地点	事件	侦查手段	证据及线索	关键点
一个妇女	某天	商店门口	妇女被人抢走了钱包	证词、推理	目击者称劫匪拉开旁边的救生门，消失在大楼里面	救生门

170. 职员的话

某单位的金柜存放着近几天的单位结算资金，因账目还未整理完，就没有存入银行。

就在整理完账目要送往银行的时候，金柜被盗，丢失近百万元资金。

警察查看现场时，发现窗户上的玻璃被打碎，玻璃碎片散落一地。金柜被盗贼切割开。警察询问负责看管的职员，职员回答："我一直都很警惕，半夜的时候特意巡查了一次，那时窗户都关得好好的，我还把窗帘都拉上了，没有发现任何异况。"

但警察听完他的话，反而把这位职员给抓了起来，你知道这是为什么呢？

171. 开庭审理

琼斯被控告在一个月前杀害了约瑟夫。警察和检察方面的调查结果，从犯罪动机、作案条件到人证、物证都对他极为不利。虽然至今警察还没有找到被害者的尸体，但公诉方面认为已经有足够的证据能把琼斯定为一级谋杀罪。

琼斯请来一位著名律师为他辩护。在大量的人证和物证面前，律师感到备受掣肘，无以为辞。但他毕竟是个足智多谋的行家，他急中生智，把辩护内容转换到了另一个角度上，从容不迫地说道："毫无疑问，从这些证词听起来，我的委托人似乎确实是犯下了谋杀罪。可是，迄今为止，还没有发现约瑟夫先生的尸体。当然，也可以做这样的推测，便是凶手使用了巧妙的方法把被害者的尸体藏匿在一个十分隐蔽的地方或是毁尸灭迹了，但我想在这里问一问大家，要是事实证明那位约瑟夫先生现在还活着，甚至出现在法庭上的话，那么大家是否还会认为我的委托人是杀害约瑟夫先生的凶手？"

陪审席和旁听席上发出了笑声，似乎在讥讽这位远近驰名的大律师竟会提出这么一个缺乏法律常识的问题来。法官看着律师说道："请你说吧，你想要表达的是什么意思？"

"我所要表达的就是这个意思。"律师边说边走出法庭和旁听席之间的矮栏，快步走到陪审席旁边的那扇侧门前面，用整座厅里都能听清的声音说道，"现在，就请大家看吧！"说着，一下拉开了那扇门……

所有的陪审员和旁听者的目光都转向那侧门，但被拉开的门里空空如也，没有任何东西，当然更不见那位约瑟夫……

律师轻轻地关上侧门，走回律师席中，慢条斯理地说道："请大家别以为刚才的那个举动是对法庭和公众的戏弄。我只想向大家证明一个事实：便是即使公诉方面提出了许多所谓的'证据'，但迄今为止，在这个法庭上，人们的目光都转向了那道门。这说明了大家都在期望着约瑟夫先生在那里出现，从而也证明在每个人的内心深处，对约瑟夫先生到底是否已经不在人间是存在着怀疑的……"说到这里,他顿了片刻,把语音提高了些,"所以,我要大声疾呼:在座的这 12 位公正而又明智的陪审员,难道凭着这些连你们自己也存在着疑虑的'证据',就裁定我的委托人是'杀害'约瑟夫先生的凶手吗?"

霎时间,法庭上议论纷纷,不少旁听者交头接耳,新闻记者竞相打电话给自己报馆的主笔报告审判情况,预言律师的绝妙辩护有可能使被告获得开释。

但是,最后审判结果却是判被告琼斯有罪。

请问:这是什么道理呢?

172. 伪造的现场

名声显赫的女演员维娜神情惨淡地向私人侦探哈利逊诉说:"绑架者肯定是白天潜入房间的。因为夜间我们各房间的门窗都关闭了。半夜时,我在阳台上乘凉,突然见到一个人把那条带子放下去,扛着可怜的莎丽顺着带子溜下去了,他一定是把我女儿打昏了。"

哈利逊看到这间卧室里一条由床单和薄毯撕开后结成的长带子在床腿上缚着,另一头在窗外悬吊着,带子约有 4 米长,距地面不到一码。

他问:"房间里的东西移动过吗?"

维娜回答:"没有。"

哈利逊走到室外,在街上叫来一个报童,给他半美元,让他模拟绑架者,顺着那条带子下去。之后,哈利逊笑着说:"维娜女士,你是在演戏吗?"

请问:哈利逊侦探根据什么看穿了这个伪造的现场?

☆侦探小助理

讲述人	时间	地点	事件	侦查手段	证据及线索	关键点
女演员维娜	某天	维娜的房间	维娜的女儿莎丽被人绑架	现场查看、情景再现	①卧室里有一条由床单和薄毯撕开后结成的长带子在床腿上缚着②带子另一头在窗外悬吊着,带子有4米	带子

173. 报案破绽

电视播音员清水夜里一点多钟突然向警方报案,说他妻子被杀了。西蒙警长驱车火速赶赴现场。这是一幢新宅,门旁车库前停放着一辆红色越野车。

警长下车走近大门时,那儿突然有条狗汪汪地吼叫起来。那是一条狼狗,被一条长长的铁链拴着。

"太郎,闭嘴!"清水走出门来,那条狗便乖乖地蹲在他的脚下。看来是训练有素。

死者身穿睡衣，倒在厨房的地板上，是头部被打伤致死的。

清水声泪俱下地向警长诉说："我为一点小事和妻子吵了一架，憋着一肚子气跑了出去，在外面兜了两个小时风，回来一看，妻子被杀了，那时是十一点。我出去后大概妻子没关门，肯定是强盗闯进我家，被妻子发现后杀人逃走了。"

"有什么东西被盗了吗？"

"放在柜子里的现金和妻子的宝石不见了。"

"去兜风时带上你的狗了吗？"

"没有，只是我一人去的。"

现场取证工作基本结束了。第二天一大早，警长就命令助手到邻居家了解情况。不一会儿，助手跑回来报告说："西边的邻居家里有一个老头昨晚几乎看了一夜电视。据他讲，在罪犯作案的时间里没听到什么异常的动静。"

"也没有听到汽车的声音吗？"

"听到过，有过汽车的声音，是晚上十一点左右听到汽车由车库开出的声音。"

"不错，罪犯就是清水。"

果然，经审讯，清水供认由于同女歌星约会被发现，和妻子吵了架，怒不可遏地抄起啤酒瓶照着妻子的头部砸去。本来是无意杀死妻子的，但事后又不想去自首，因而伪造了盗窃杀人的假象，并出去兜风，顺便把当作凶器的啤酒瓶扔进河里。

那么，西蒙警长究竟凭什么证据，识破了清水的犯罪行为呢？

174. 行李箱被窃案

在英国南方铁路沿线几个大城市的火车站上，某年5月接连发生了几起旅客存放衣物的行李箱被窃案。这些案件在6个城市相继发生，表明窃案是由一个盗窃集团干的。

他们的作案手段很狡猾，既不用暴力，也不用撬锁，而是先通过手续租用几个行李箱，待复制好行李箱的钥匙后归还行李箱寄存处。当不明真相的旅客再次租用这些箱子后，他们就窥测时机，及时下手。

然而，这一切还是没有逃脱警察的眼睛，罪犯们在作案路线上露了马脚，根据他们的作案规律推断，下一个作案时间约在10月初，作案地点是伦敦。于是，警方根据他们的作案手段，张网以待。

从10月4日起，4位记忆力极强的警察，化装成便衣，轮流守候在伦敦火车站附近，对行李寄存处实行24小时监视。第二天，发生两起寄存行李箱被窃案。

10月7日，警方决定收网。一位在几天内多次出现在行李寄存处的男子，在从52号行李箱里取出一个沉甸甸的箱子时，当即被带到了铁路警察所。

"你们凭什么抓我？我要去法院告你们！"这位男子非常恼火。

"先生，请冷静些。请你报出箱子里装的是什么东西。"

这位男子毫不迟疑地一口气报出一大串物品，经核实，与箱内的实物完全相符。

两位警察面面相觑。

"我们要搜一下你的身,先生。"

这位男子大声抗议。警察不管他怎样抗议,还是从他身上找到了犯罪的证据。

请问:犯罪的证据是什么呢?

175. 财会室起火案

一天深夜,一家商店的财会室突然起火。虽经值班会计奋力扑救,仍有部分账簿被大火烧毁。

警官向浑身湿透的值班会计询问案情。

"前几天,我就发现室内的电线时常爆出火花。今天,我将全部账簿翻了出来,堆在外面,准备另换一个安全的地方,不料电线走火,引燃账簿,酿成火灾。幸亏隔壁就是卫生间,我迅速放水,把火扑灭,才未酿成大祸。"

"你能肯定是电失火吗?"警官追问。

"能。我们这里没有抽烟的,又没有能自燃的其他物品和电器。对了,我刚才进来救火时,还闻到了电线被烧后发出的臭味。"

"够了!"警官呵斥道,"你是因为担心自己的贪污问题暴露而故意纵火的吧?"

请问:警官为什么这么说?

☆ 侦探小助理

讲述人	时间	地点	事件	侦查手段	证据及线索	关键点
值班会计	一天深夜	一家商店的财会室	财会室突然起火，部分账簿被烧毁	现场查看、生活常识	会计称迅速放水把火扑灭	灭火

176. 被冤枉的狗

有一天，哈林正在家里看书，突然响起一阵急促的门铃声，他赶紧去开门。进来的是隔壁的莫亚太太，她可是个远近闻名的刁妇，只见她气势汹汹地向哈林嚷道："你太可恶了！自己的狗也不管好！它把我咬了！"

哈林莫名其妙，因为他的狗从来不咬人，而且今天一直都蹲在他脚边。于是，哈林问莫亚太太道："什么时候咬的？咬在哪里？我怎么没看到伤口？"

莫亚太太说："就在刚才经过你家门口时。"说着把她干净整洁的裤子拉得高高的。哈林这才看到，莫亚太太膝盖处有一处被咬伤的伤口。

当哈林看过莫亚太太的伤口后，十分肯定地说："荒谬！你在撒谎！伤口不是我的狗咬的。"接着哈林说出了证据，莫亚太太哑口无言。

你知道哈林的证据是什么吗？

177. 被淹死的人

一天，鲁尼探长要去看望住在海边豪宅的好友克拉克。路上，他给克拉克打了电话，告诉他大约半个小时后到。

半小时后，鲁尼准时到达，可在客厅里等了5分钟，还不见克拉克出现。这时仆人特里说："老爷进去洗澡已经半个多小时了，会不会……"鲁尼探长撞开浴室门，发现克拉克已经死在浴缸里。从初步检查的结果来看，他是溺水死的，死亡时间大概在半小时前。

警察赶到后做了进一步分析，发现克拉克的肺部有大量海水，而没有淡水残留。同时，整个下午只有仆人特里一个人在家，没有其他人来过。

鲁尼第一个反应就是抓住特里，说他是凶手。特里拼命地否认他没有作案时间："鲁尼探长打电话来的时候主人还在接电话，从那时到现在只有30多分钟，可是从这里到海边却要一个小时！我就是坐飞机也来不及。"但鲁尼却一口咬定是特里干的。你认为鲁尼的理由是什么呢？

178. 墙外树下

某天清晨，在一堵围墙外的大树下发现一具尸体。死者赤着脚，脚底板有几条从脚趾到脚跟的纵向的伤痕，而且还有血迹，旁边有一双拖鞋。

"死者是想爬树翻入围墙，但不小心摔死了。他可能是想行窃。"有人这样推断。但是老练的警长却说："不，这个人不是从树上摔下来的，而是被人谋杀后放在这里的，凶手是想伪装成被害者不慎摔死的假象。"

试问：警长为什么这样说呢？

☆侦探小助理

讲述人	时间	地点	事件	侦查手段	证据及线索	关键点
围观的人	某天清晨	一堵围墙外的大树下	树下有一具尸体	现场查看、推理	死者脚底板有几条从脚趾到脚跟的纵向的伤痕	伤痕

179. 谷底逃生

迈克和杰克用软梯下到一个深谷，准备探寻谷底的洞穴。刚到达谷底后又走了几米，谷底的泉水忽然大量涌出，不一会儿水位就到了腰部，并且还在不断上涨。

他们两人没想到谷底会发大水，既不会游泳，又没带救生用具，只能立刻攀软梯出谷。但他们所用软梯的负重是250千克，攀下时是一个一个下来的，因为他们的体重都是140千克左右。

如果两人同时攀梯，势必将软梯踩断；若依次先后攀梯而上，水势很急，时间来不及。

你能帮助他们想一个办法安全脱险吗？

☆侦探小助理

讲述人	时间	地点	事件	侦查手段	证据及线索	关键点
迈克和杰克	某天	一个深谷	谷底的泉水大量涌出	现场查看、推理	①软梯的负重是250千克②两人的体重分别为140千克左右	浮力

180. 皇帝、大臣与侍卫

一个皇帝有20位大臣，每位大臣身边都有一个坏侍卫。虽然每一位大臣都知道其他大臣的侍卫是坏人，但由于他们之间关系不融洽，因此他们都不知道自己的侍卫是不是坏人。

皇上知道此事后，把20个大臣召集在一起，告诉他们，在跟随他们的侍卫中至少有一个坏人，并要求他们如果知道了自己的侍卫是坏人就必须立刻杀了他；如果知道了又不杀的话，那他们自己的脑袋就保不住了，期限为20天。

为此，皇上办了一份早报，如果哪位侍卫被杀了就会刊登在早报上，可19天都平静地过去了。在第20天早晨，仍然没有哪一位大臣杀自己侍卫的消息。请问，接下去的情况将会怎么样呢？

181. 昏庸的皇帝

有一个昏庸的皇帝把王法当作儿戏。一天，他别出心裁地下了一道圣旨：犯人可以当着他的面摸生死卷，摸到"生"字者当场释放，摸到"死"字者立即处死。

当朝宰相是个倚仗权势、无恶不作的恶官。他为了拔掉眼中钉，便在皇帝面前诬告一位大臣有谋反之心。皇帝听信谗言，立即命禁卫军将那位大臣拘禁，并令其次日摸生死卷当场定生死。

宰相随后买通掌管纸卷箱的小吏，要他在两张纸卷上都写有"死"字。这样一来，那位大臣注定难逃一死。

这一阴谋被一位忠良之臣得知，当夜以探监为名，告知了那位受冤的大臣。

第二天，皇帝临朝，为了制造一种恐怖气氛，特意在生死卷箱前架起了油锅，如果摸出的是"死"字，当场就会把那位大臣投入滚烫的油锅中。

在众大臣忐忑不安的眼光中，那位大臣从容不迫地把手伸进纸箱中。

想想看，那位大臣怎样才能免于一死？

182. 被打翻的鱼缸

探险家沃尔每到一个地方就会带那个地方的特色鱼回家。他家的客厅里摆放着各种形状的鱼缸，里面养着他从世界各地搜罗回来的鱼，他的家里简直称得上是一个鱼类博物馆了。

一天夜里，沃尔夫妇外出旅行，只留下一个佣人和两个女儿在家。知道了这种情况后，一个卖观赏鱼的家伙偷偷地溜进了沃尔的家。因为他对沃尔家的鱼已经觊觎很久了,所以他一进去首先将室内安装的防盗警报电线割断。

然而,他运气不佳,被起来上厕所的佣人发现,在黑暗中,他们发生了激烈的搏斗,不小心将很大的养热带鱼的鱼缸碰翻掉在地板上摔碎了。就在他将匕首刺进佣人的胸膛之时,他也摔倒在地,慌忙起身时,突然"啊!"地惨叫一声,全身抽搐当即死亡。

听到打斗声和惨叫声,两个女儿立即拨打电话报警。

警察勘查现场发现,电线被割断了,室内完全是停电状态。鱼缸里的恒温计也停了电,但是盗贼的死因却是触电死亡。

当警察们迷惑不解之际,接到女儿电话的沃尔也急忙赶了回来,他一看现场,就指着湿漉漉地躺在地上死去的那条长长的奇形怪状的大鱼说:"难怪呢,即使没电,盗贼也得被电死。这就叫多行不义必自毙!"你知道这是为什么吗?

183. 勤快的表弟

神探博士正在和卢警官谈论近期发生的一系列谋杀案。受害人都是附近高中或大学的女生,很明显她们都是和凶手偶识或是被凶手绑架的。她们都是被凶手带到某地然后用刀刺死，尸体则被抛弃到远离市区僻静的小路旁。

由于神探博士非常喜欢探索各种案情，喜欢拼凑各种线索并寻找最终答案，因此案情越棘手，对博士来说就越刺激。但是这一次血腥的连环谋杀案所带来的挑战已不再是种简单的乐趣。凶手正在把这场"游戏"变得越发惊心动魄，而博士和他的同事则必须抢在凶手实施下一次谋杀之前赢得这场"游戏"。

关于这起案件一个令人颇为尴尬的情况是，卢警官的表弟恰恰是本案的嫌疑人。

"我真不敢相信他们竟把我的表弟列为谋杀案嫌疑人。"卢警官对博士说道。

根据最后一位受害人朋友的目击证词，卢警官的表弟十分像凶手，而且他的黑色敞篷车也符合另一位受害人朋友的描述。

"我的表弟只不过是个普通的年轻人，"卢警官说道，"他喜欢跟女孩子泡在一起，也喜欢酷车。虽然有点儿不合群，但现在19岁的年轻人不都是这样嘛。"

"这可不好说啊，"博士说道，"其实人们在很多方面都会犯错误。我们肯定会抓住凶手的，如果你表弟是清白的，那也不难证明。他的证词是怎样的？"

"没错，问题就在这里，"卢警官接着说，"我曾经出城一段时间，这时我表弟帮我照顾房子。他照顾得很仔细，甚至连地下室的水泥地板都帮我给重新粉刷了一遍。现在看上去焕然一新。我觉得他做事很负责任。"

"哦？那么是你要他清理地下室的吗？"博士问道。

"不，没有，我们只是告诉他把房子里弄乱的地方打扫一下就行了。他可真是个好孩子。"警官说道。

"卢警官，我想去你家看看你的房子，"博士突然说道，"还有，我想你最好先做好最坏的打算。"

神探博士在怀疑什么？

184. 转危为安

古时候，有一位年轻的太子，聪明过人。一次，他率大军与敌国的军队交战时，不幸兵败被俘。

军士们把他押送到敌国国王的面前，国王二话没说便下令将他推出去杀头。太子一听，马上装出一副可怜相，说道："慈悲的国王啊，我渴极了，您让我喝点水再走吧，那样我也就死而无憾了。"

国王点点头，随后命令左右给太子递了一碗水。太子接过来却不喝，而是左顾右盼起来。

"快喝，看什么！"一名军士厉声喝道。

太子听了，扑通跪在地上，说："我担心，不到这碗水喝完你们就会举刀杀我啊！"

国王一听，不禁大笑起来，心想：堂堂的太子也不过如此，于是说道："我从来都是说一不二的。你尽管喝好了，我起誓，在你喝完这碗水之前，肯定不会杀你。"

太子一听，迅速做出了一个动作，然后对国王说出了一句话。国王一听，顿时哑口无言，没有杀他。设想一下，面对人头落地的危险情境，太子如何才能转危为安？

185. 巧击德国侵略军

第二次世界大战期间，法国的一个小镇驻扎着德国的一支侵略军。一次，指挥官海格姆上校在他的指挥部宴请各界人士。为了安全，颁发的请柬是两张相同的红票连在一起，两张请柬最多可进三人。宾客在进第一道岗时撕去一张，另一张进指挥部时交给门卫。如果宾客有事外出，则发给宾客一张特别通行证，凭此证进出第一道岗哨时只要给哨兵看一下，进指挥部时才会被收走。

法国抵抗组织设法搞到了两张请柬，他们用这两张请柬巧妙地安排三人进入指挥部，另外十几个游击队员通过第一道岗哨，埋伏在指挥部外，结果里应外合，打击了德国驻军。

你知道游击队是怎么安排的吗？

186. 蜘蛛告白

一年冬天，拿破仑的法兰西军队排列整齐，开始向荷兰的重镇出发。荷兰的军队打开了所有的水闸，使法兰西军队前进的道路被滔滔大水淹没，拿破仑立即下令军队向后撤退。正在大家感到焦虑的时候，拿破仑看到了一只蜘蛛正在吐丝，拿破仑果断地命令部队停止撤退，就在原地做饭，操练队伍。两天过去后，漫天的洪水并没席卷而来。后来法兰西军队在拿破仑的带领下，将荷兰的重镇攻破了。

你知道是什么使拿破仑改变了撤退的主意，并取得最后的胜利吗？

☆侦探小助理

讲述人	时间	地点	事件	侦查手段	证据及线索	关键点
拿破仑	一年冬天	荷兰重镇	水闸打开，法兰西军队前进的道路被滔滔大水淹没	观察、生活常识	当时蜘蛛正在吐丝	蜘蛛

187. 巧过立交桥

罗尔警长快要过60岁生日了，可是看上去很年轻，50岁还不到的样子。这得归功于他的自行车，也许你不相信，这辆自行车陪着他30多年了，还是当年巡逻时骑的。后来，警察巡逻开上了警车，可是罗尔警长坚持骑自行车，他说："坐在警车里不锻炼，连路也跑不动了，怎么抓坏人？"

有一天下午，他骑着自行车在街上巡逻，一辆黄色轿车"呼"地从身边冲过，紧接着，身边传来喊叫声："他偷了我的汽车！"罗尔警长赶紧蹬车去追黄色轿车，可是，自行车的两个轮子，怎么追得上4个轮子的轿车呢？才追了一条马路，他就累得直喘气，眼看轿车越来越远了。

这时候，他看见路边停着一辆集装箱卡车，司机正在卸货，他扔下自行车，跳上卡车，开足马力，继续追赶。

偷车贼还以为把警长甩掉了，心中暗自嘲笑：一辆破自行车，还想追我？哼，没门！忽然，他从后视镜里看见了卡车，司机就是那个老警察！他慌忙加大油门，警长紧追不舍，两辆车在公路上追逐着。

前方有一座立交桥，轿车一下子就从桥底下穿了过去，可是集装箱卡车的高度，恰恰高出立交桥底部2厘米，警长一个急刹车，停在立交桥前，好险啊！

罪犯看到卡车被挡住了，还回头做个鬼脸，罗尔警长气得两眼冒火。他毕竟是老警察了，马上冷静下来，看了看轮胎，立刻有了主意。

几分钟以后，集装箱卡车顺利从立交桥底下穿过，罗尔警长终于追上了罪犯。

罗尔警长用什么方法，很快就让卡车通过了立交桥底下呢？

188.《圣经》阅读计划

4世纪时,英国有个名叫亚当斯的惯盗,多年来一直行凶作案,终于被抓,并准备处以极刑。

当时的英国国王是詹姆斯六世,他非常喜爱《圣经》。亚当斯抓住了这个机会对狱卒说:"听说国王喜欢《圣经》,为表示对国王的忠心,临死前我想读一读《圣经》,请国王允许我把《圣经》读完后再处死我。"

狱卒马上把亚当斯的想法上奏给了国王,国王听了狱卒的上奏后,说:"满足他的愿望吧,在他读完《圣经》之前,暂停执行死刑。"得到国王的许可,亚当斯欣喜若狂,他当即写了一份阅读计划交给审判官,并说自己要好好品读《圣经》,直至背下来。审判官顿时醒悟,国王上当了。实际上亚当斯借此取消了自己的死刑。

你知道亚当斯是怎样借机取消自己的死刑的吗?他的阅读计划是什么?

189. 化学家的声明

著名化学家威廉研制出了很多化学产品,并因此成了百万富翁。在伦敦市一条繁华的大街上,他购置了一套豪华公寓。威廉不仅钻研化学,还对收藏世界名画和文物颇感兴趣,他几乎花了自己一半的收入,购买了许多名画挂在客厅里。

一天夜里，有个小偷钻进屋里行窃。他偷了几件文物，经过客厅时顺手摘下了挂在那儿的一幅名画并卷起来，打算从原路逃走。突然餐桌上放的一瓶高档名酒将他吸引住了。

原来这小偷是酒鬼，平常就嗜酒如命，这会儿他一看到有这么好的酒，不管三七二十一，迫不及待地拧开酒瓶，扬起脖子喝起来。

他刚喝了一半。突然听到有响声，大概是仆人听见有什么响动前来查看了。小偷一慌，忙放下酒瓶，赶紧逃走了。

第二天一早，威廉发现家中的几件文物和一幅名画不见了，就连忙报了警。警察局派吉姆警长赶来，组织破案。吉姆在屋里转了一圈，见罪犯没有留下什么痕迹，只有一股酒味。吉姆看到了餐桌上开着的酒瓶并询问了威廉，他断定盗贼喝了几口酒，便心生一计，他要让这罪犯投案自首。

请问：他想的是什么办法呢？

☆侦探小助理

讲述人	时间	地点	事件	侦查手段	证据及线索	关键点
化学家威廉	一天夜里	威廉的豪华公寓	一个小偷进屋行窃，偷走了几件文物和一幅名画	现场查看、心理剖析	小偷在威廉家中喝了酒	酒

190. 谁是匪首

"砰——"的一声枪响，打破了边境清晨的宁静，在国境线边上的小村寨里，男女老少奔跑着，惊叫着："土匪来啦！快逃命啊！"

这个边境线旁的小村寨，交通非常不方便，村民的生活很艰苦，更让人恐惧的是边境线的对面，有一帮土匪经常来村里抢劫，吃饱喝足了，临走的时候还要带走鸡鸭鹅羊，谁敢反抗，就会遭到毒打甚至枪杀。等到边防警察局接到报警，要走很长的山路才能赶到，这时候土匪已经逃走了。

为了把土匪一网打尽，克莱尔探长带领部下，忍受着寒冷和虫咬，埋伏在附近的山洞里。整整半个月过去了，土匪没有一点儿动静。有的警员说："也许土匪知道我们埋伏了，不会来了吧？"探长说："马上要到圣诞节了，土匪一定会来抢东西，好回去过节的！"

果然，就在圣诞节早上，土匪又来了。边防警察迅速出击消灭了几个土匪，其余的都乖乖举手投降了。克莱尔探长早就听说，这帮土匪的头目心狠手辣，杀害了不少人，得先把他揪出来。他来到俘

房群前，看到土匪们都穿着一样的军服，谁是土匪头子呢？

克莱尔探长问："谁是带队的？"土匪们都低着头，一声不吭。探长知道，土匪头子一定混在当中，所以土匪们都怕他，不敢说话。克莱尔探长想了一想，突然大声问了一句话，话音刚落，他就知道谁是土匪头子了。

聪明的克莱尔探长问了一句什么话呢？

191. 列车上的广播

一个珍奇珠宝展在国外某城市博物馆举行。展览的第二天夜里，两颗分别重65克拉和78克拉的"孔雀蓝"宝石被盗走。这两颗宝石可是稀世珍宝，如果被偷运出国，那造成的损失难以估量。

天还没有亮，警方便接到报案，探长托尼马上派出两名侦探赶往一个半小时后就要发车的303次国际列车。他自己则带了一名助手来到现场。经过初步勘察，他们发现盗贼是从博物馆的屋顶进入馆内的，并且用早已配好的钥匙打开了展厅的门，然后剪断报警器的电线，将宝石从有机玻璃柜中盗走。看来盗贼是早有预谋的。

托尼探长留下助手配合馆内保安继续对现场做进一步勘查，自己迅速开车来到了火车站。他和已经上车的两名侦探联系上。那两名侦探正分别从车头和车尾逐节车厢寻找嫌疑人。

托尼探长从中间一节车厢上了车。忽然，车厢内一阵骚动，两名乘警正分开人群朝 9 号软卧车厢走去。托尼探长紧跟了过去，当他们来到第三间包厢时，透过半敞开的门，一眼就看见靠窗口处蜷缩着一位中年男子。恐怖的是他两眼圆睁，嘴角还有一丝血迹，已经死了。经检查他是被人用毒药枪杀死的，随身携带的行李已不翼而飞。

乘警告诉托尼探长，报案者是与死者相邻车厢的一位乘客。据他说是因误入死者车厢才发现这起凶杀案的。托尼探长猜测死者就是昨晚偷走宝石的盗贼之一，他在作案后很有可能又被另一伙盗贼跟踪，上车后被杀死在车厢内，随后行李和宝石一起被劫。

托尼探长推断杀人劫宝者还在车上，他当即向一位乘警小声交代了几句。这时，两名侦探已来到这节车厢，托尼探长立即给他俩安排了任务。

列车上的广播忽然响了："各位乘客请注意！各位乘客请注意！9 号车厢有一位乘客突发重病，生命垂危，车上如有医生请速去协助抢救……"顿时，有不少人向 9 号车厢涌来。化装成"医生"的一位侦探堵在门口，他向前来要求参与抢救的人说道："病人刚刚苏醒过来，他正向乘警述说发病经过呢！"话音刚落，人群中有一位乘客迅速转身回到了自己的座位上。当那人刚从行李架上取下一只皮箱时，托尼探长和一名乘警便出现在他身后。

"先生，请跟我们到乘警室去一下！"那人浑身一颤，皮箱猛然从手中滑落，正砸在他脚上，疼得他大叫不止。

"把皮箱捡起来，跟我们走一趟！"乘警和托尼探长将那人夹在中间，把他带到了乘警室。没等托尼探长要他打开皮箱，那人便如实地交代了他杀人窃宝的犯罪经过。

请问，托尼探长如何断定那人就是劫宝杀人犯呢？

☆ 侦探小助理

讲述人	时间	地点	事件	侦查手段	证据及线索	关键点
一位乘客	一天夜里	一列火车上	小偷偷走宝石后被人杀死在车厢内	演绎、心理剖析	①杀人劫宝者还在车上②广播中发出有人病危的消息，不少人来看热闹	广播

192. 装哑取证

一列火车在一望无际的原野上疾驶。车厢里，探长琼斯拿着一本小说在打发着寂寞的旅途。

忽然，一个金发碧眼的女人从他座席边上走过，撞了他一下。见他的小说掉在了地上，那女人忙伏下身，将小说拾起，递给琼斯说："对不起，先生。"按理说，琼斯本应回答一句，然而他却怔住了：这女人怎么这么面熟，好像在什么地方见过。就在他犹豫的一瞬间，那女人冲他打了个飞吻，转身朝前面的车厢走去。

在哪里见过她呢？琼斯苦苦思索着，以往接触过的女人一个一个在他头脑里闪过。忽然，他想起了什么：难道是她？

琼斯装作若无其事的样子离开座席，也朝前面的车厢走去。他要去找那个女人。可是他失望了，前面的五节车厢都查看过了，没有发现那个女人。当他走回到自己乘坐的那节车厢的头上，刚推开厕所门进去，门就被关上了。琼斯定神一看，暗吃一惊，那金发女人正站在自己的面前！

"喜欢我？"金发女人笑笑说。

琼斯耸耸肩，摇摇头。

"不喜欢？可是不管你是否喜欢我。总得拿钱来，不然我就出去喊人，说你要非礼我！"金发女人手握门扶手，碧眼紧盯着琼斯那毫无表情的面孔。

琼斯在紧张地思考着，怎样才能抓住这个女诈骗犯呢？说没有钱，她会要我腕上的金表；掏枪抓捕她，她会说我威逼无辜，而且又没有证据……

"你是个哑巴？快说，到底给不给钱？"金发女人眼里露出凶狠而贪婪的目光。

忽然，琼斯想出了个妙计。很快，那个女诈骗犯乖乖地跟着琼斯走出了厕所。当天，在警察局里，女诈骗犯供认了自己连续多次诈骗作案的犯罪事实。

琼斯用的是什么妙计擒获那个女诈骗犯的呢？

193. 设宴抓贼

西汉宣帝在位时，京都长安城里小偷多得惊人。

一天，汉宣帝召见了长安的行政长官张敞，让他在一个月内把城里的小偷全部抓光。张敞派出许多差役抓小偷，可是，抓了半个月，也没有抓到几个。怎么才能把小偷抓光呢？张敞整日愁眉不展，冥思苦索。最后，他决定自己化装侦察，顺藤摸瓜，然后再争取一网打尽。

这一天，他又化装来到了繁华的大街上，注意观察街上的行人，天将中午的时候，一个40多岁的中年人引起了他的注意。这个人衣着打扮像个书生，可两只眼睛却贼溜溜地乱转。在他的身后还跟着一个身强力壮的汉子，汉子手里提着两只布口袋。

中年人走到一家丝绸店前，店老板马上笑脸迎出来，并让人捧来两匹丝绸，装进了壮汉的布口袋里。中年人又来到一家食品店前，店主人也殷勤地跑出来，挨着样地拣了一大堆吃的，倒进了壮汉的另一只布口袋里。中年人和壮汉又走到几家店铺门前，也都如此。

张敞觉得这事儿很怪，头脑中出现了一个个问号：为什么这些店铺的老板如此恭维这个中年人呢？为什么中年人买东西不给钱？这个人是干什么的呢？

为了把事情弄明白，张敞立即让人跟踪那个中年人，自己则来到了丝绸店。他找到店老板问道："刚才到你这儿来的那个人是干什么的？"

店老板以为张敞是个平民百姓，便不在意地说道："你不是本地人吧？不然怎么连那个人都不认识呢！那是这长安城里的头儿！"

"什么头儿？皇上老子不才是头儿吗？"张敞虽已猜着七八

分，却又故作不知道地问。

店老板不耐烦地答道："你这个人真是什么都不知道，皇上老子那是一国之君，是国家的头儿，而他是小偷的头儿。"

"小偷还有头儿？"

"那可不，那可不是个好对付的主儿，你要是恭维他，他和他的那些喽啰们就不偷你；你要是不给他好处，他和他的喽啰们用不了一晚上，就能把你的货物偷光。"

"是吗，那人有那么大的本事？"

"可不，你要是在这儿做买卖，也千万不要招惹他。"

"多谢先生的指教！"

张敞说完离开了丝绸店。他刚走不远，就看见一个差役朝自己走来。那差役走到近前轻声说道："大人，我们已经在一间房子里将那个可疑人抓获了。"

张敞听后，也压低声音对差役说道："好，你领我去见那人。"

张敞跟着差役来到了一间摆设豪华的房子里。小偷的头儿听说抓住自己的人是长安最高行政长官张敞，知道抵赖也没有用，便如实招认了。

抓住小偷的头儿并不是张敞的目的，因为宣帝是让他把城里的小偷全部抓获。下一步该怎么办呢？张敞屈指算来，离宣帝给的期限仅有3天了。忽然，他想出了一个把城里的小偷全部抓住的办法，便对小偷的头儿说道：

"你是愿意被砍头呢？还是愿意戴罪立功？"

小偷头儿当然不愿意被砍头，忙说："我愿意戴罪立功！"

"那好，只要你帮我把你手下的那些小偷都抓来，我就饶你一命。"

"那可不好办！大人，你别看偷东西的时候他们都听我的，要是抓他们，可就……"

"这不用你操心，我自有办法。"张敞又对小偷头儿耳语几句，小偷头儿连连点头称是。

第二天晚上，张敞果然把长安城里的小偷儿全部抓获了。

张敞是通过什么办法把小偷全部抓获的呢？

☆侦探小助理

讲述人	时间	地点	事件	侦查手段	证据及线索	关键点
张敞	西汉时	一间豪华的房子里	张敞抓住小偷的头儿，准备将所有小偷一网打尽	演绎、心理剖析	小偷的头儿称偷东西的时候小偷都听他的	官府

194. 电话密码

某国正在缉拿一伙在逃的走私犯。

一天，保安处的查理来到黑塔旅馆。他发现这旅馆老板家的朋友们正是被通缉的那伙走私犯。由于这些人不知道查理的真正身份，就没有注意他。为了抓住这伙走私犯，查理决定用电话通知保安处。机智的查理假装在和女友通电话："亲爱的琼，我是查理，昨晚不舒服，不能陪你去酒吧，现在好些了，多亏黑塔旅馆老板上次送的药。亲爱的，不要因未达成目标生气，我们会永远在一起的。请你原谅我的失约，我们不是很快就要结婚了吗？今晚赶来你家时再道歉！亲爱的，再见！"

那些家伙听了查理这番情话大笑起来。可是 10 分钟后，保安处的警员们因为这个电话，突然出现在黑塔旅馆，将走私犯全部捉住了。

你知道查理在打电话时，做了什么手脚吗？

195. 奇异的案情

某国有个古董商，某天晚上接待了一位新结识的朋友。新朋友叫史密斯，是个古董鉴赏家。

寒暄了一阵，古董商很得意地把新近得到的几件高价古玩给史密斯看。史密斯啧啧称赞。看完后，古董商把它们放回一间小房间，加了锁，并让一只大狼狗守在门口。

这天晚上，史密斯住在古董商家。

半夜，史密斯偷了那几件古玩，被那古董商发觉，两人打了起来。谁知，那条大狼狗不咬贼，反把主人咬伤了。史密斯乘机带着古玩逃跑了。

古董商连忙打电话给警察局报案。

一会儿，一位警长和两名警察来到现场。财产保险公司也派来了人。如果确实是失盗，保险公司将按照规定，赔给付过财产保险金的古董商一笔钱。

根据现场来看，确如古董商所说，他的高价古玩被抢。

但问题是，他怎么会被自己的狼狗咬伤呢？连古董商自己也无法解释清楚。

保险公司的人说："这是不合情理的事，从来没有训练有素的狼狗会不咬小偷咬主人的。此案令人难以置信，本公司不能赔款。"

警长注视着那件被撕得粉碎的睡衣，又见那狼狗还围着睡衣团团转，眼睛顿时发亮。他问："古董商先生，请你仔细看看，这件睡衣究竟是不是您的？"

古董商捡起那件破睡衣，仔细看了一会儿，忽然叫道："啊！不！这件睡衣不是我的。我的那件睡衣在两袖上还绣有小花，是我小女儿绣着玩的。"

警长突然说："啊，我明白了，我丝毫不怀疑这个案件的真实性。"

后来，那位"古董鉴赏家"史密斯终于被捕，原来他是个专门盗卖古董的老贼。

你知道警长是怎么推理的吗？

☆ 侦探小助理

讲述人	时间	地点	事件	侦查手段	证据及线索	关键点
古董商	一天晚上	古董商的家里	史密斯偷了古董商的古玩	现场查看、推理、情景再现	①当时是晚上②古董商说睡衣不是自己的	睡衣

196. 笔记本电脑不见了

一天，丽莎和琼约了三个男同学——约翰、乔和迈克尔，一起结伴去山上玩。不巧，天下起了丝丝小雨，这使他们原本打算住帐篷的计划泡汤了。于是，他们在外面吃完晚饭，于晚上八点半住进了一家小旅馆。他们分别住在面对面的两个房间里。

旅馆的服务员告诉他们，根据这里的规定，晚上九点以后所有的房间必须熄灯，所以他们动作得快一点。丽莎在简单梳洗过之后，拿出了她最喜欢看的一本书，还有她的笔记本电脑。熄灯之后，她把书放在笔记本电脑上，然后进入了梦乡。

第二天早上丽莎醒来时，发现笔记本电脑不见了！她冲到琼的床边，摇晃她的手，想把她喊起来。令她大吃一惊的是，琼的手上居然有血迹！琼告诉丽莎，昨天晚上约翰不小心用裁纸刀把她划伤了。这时，门口传来了敲门声，三个男孩走了进来。丽莎告诉他们自己的笔记本电脑丢了。

可是，乔却转换了话题："你们俩谁看过《侦探的猫》这本最新的小说？迈克尔刚才正在跟我讲这个故事。"

"哦，是的，这个故事写得真好。我昨晚一个晚上就把它读完了。"迈克尔对女孩们说。

丽莎突然喊了起来："嘿，我知道你拿了我的笔记本电脑！快把它还给我！"

谁拿了丽莎的笔记本电脑？

197. 聪明的化妆师

一个小伙子冒充送电报的，挤进了电影制片厂大化妆师的家。他从腰间抽出一把匕首，说："如果您老老实实听我的，就不伤您半根毫毛，只要施展一下您的手艺就行了。耍一下手艺，不会缩短您的寿命吧？"

这位大化妆师的化妆术很高明。墙上挂着的几张电影明星的剧照，就是经过她化妆后拍摄的，可算得上是艺术佳品。瞧，那个40岁的男演员，经过她那双灵巧的手一化妆，就变成了一位20多岁的"奶油小生"；旁边的那一位，本来是眉清目秀的姑娘，现在却成了白发苍苍的老妪。另外，还有一张男扮女装的演员剧照，不管从哪个角度看，都看不出半点破绽。

现在，那个小伙子凶恶地说："我进监狱已经将近半年了。监狱的生活真叫人难受。今天，我逃了出来，可不愿意再回到那鬼地方去了，我要请您为我把脸化妆一下！"

大化妆师朝他手里的匕首瞥了一眼，顺从地说："那么，您准备化妆成什么模样呢？有了，把您化妆成一个女人，行吗？"

"不行！脸变成女人，以后一切不大方便。还是想个法子，把我的脸变个样子就行了。"

"那好办，把您变成一个面带凶相的中年人，行吗？"

"行啊！"

她忙碌地替逃犯化起妆来。

一会儿，镜子里映出了一张肤色黝黑、目光凶狠的中年男子的脸。

"怎么样，这模样满意了吗？"

"不错，连我自己都认不出来了。"

"好，现在你该走了吧！"

逃犯把女化妆师捆了起来，又拿一块毛巾塞住了她的嘴，然后带着一张变形的脸，推开门走了。

过了片刻，一群警察来到大化妆师的家，替她松绑："多亏您帮忙，我们才能把这个家伙捉拿归案。您受苦了！"

化妆师说："我也在祈祷，希望尽快把逃犯缉拿归案。不过，那个家伙无论如何也不知道自己怎么会被抓住的。"

你知道罪犯怎么这么快会被抓住吗？

☆侦探小助理

讲述人	时间	地点	事件	侦查手段	证据及线索	关键点
化妆师	某天	化妆师的家里	逃狱的小伙子让化妆师给他化了装，但仍被警察缉拿归案	观察、生活常识	化妆师将小伙子化妆成一个面带凶相的中年人	化妆

198. "赌城"拉斯维加斯

有一天，一家赌场的老板邀请几个朋友来自己的赌场玩。那天晚上风雪交加，每个人都把钱放在自己面前的桌子上，这时灯突然灭了。当灯重新亮起来的时候，所有的钱都不翼而飞了。

为了把丢失的钱找回来，主人拿出了一把生锈的茶壶，上面绘有美丽的金鱼图案。他让大家排成队，在他关灯之后依次触摸这把茶壶。他说，当偷钱的人摸茶壶的时候，茶壶就会叫。当大家都摸过茶壶之后，它并没有叫。

这时，主人开了灯，让大家都摊开双手。在看了每双手之后，他找出了偷钱的人。

他怎么知道是谁偷了钱呢？

199. 消夏的游客

盛夏的海边别墅群里，住满了来消夏的游客，白沙蓝水的海滨热闹非凡，人们泡在海水里洗海水澡，在海中畅游。然而，却有个幽灵般的贼，半个多月来在别墅和宾馆的客房里连续盗窃游客的贵重物品。

警方经过多方调查访问，渐渐摸清了这个罪犯的体貌特征，于是请画像专家画了罪犯的模拟像四处张贴，提醒游客注意，发现后及时报告警方查缉。很快，一位宾馆服务员向警方报告，该宾馆新入住的一位客人与模拟像上的犯罪嫌疑人极为相像。

侦探们获讯后迅速赶到该宾馆，在服务员指引下敲开了这位客人的房门。这位客人确实长得和模拟像上的犯罪嫌疑人极其相像，唯一的区别是，客人梳的是大背头，而犯罪嫌疑人则是三七开分头。

当侦探拿着模拟像要求客人到警局接受调查时，客人立即指出了分头与大背头的区别，并称自己来海滨休假已经半月有余，有许多大背头的照片可以做证，只是刚换了个宾馆而已。说着，客人拿出许多彩色照片，来证明自己一向是梳理大背头发型的。

侦探们有些疑惑了，会不会只是长得相像而已？这时，宾馆服务员悄悄地向侦探建议，带客人到美容室做个实验，就能搞清问题。

你能猜出这是个什么实验吗？

☆侦探小助理

讲述人	时间	地点	事件	侦查手段	证据及线索	关键点
警方	盛夏的一天	海边别墅群和宾馆	有个贼连续盗窃游客的贵重物品	观察、生活常识	客人梳的是大背头，而犯罪嫌疑人梳的是三七开分头	发型

200. 钢结构房间

有一间房间是钢结构的，除了一个坚固的门之外，再也没有别的出口，并且当门关上时和门框处在同一平面上。这个房间只有一把钥匙，掌握在爱德华的手里。爱德华把佛瑞德锁在房间后就带着钥匙出去了。一个小时后，当他回来时，门已经被打开，佛瑞德逃跑了。佛瑞德没有打开锁，因为门的里面根本没有锁洞，并且房间里的东西没有被破坏。

佛瑞德是怎么逃出去的？

201. 姑娘的手枪

一天深夜，一位年轻的姑娘在僻静的公路上骑自行车独行。突然，黑暗中闪出5个人影，拦住她的去路。几个歹徒上前，要抢姑娘的手表和钱。

姑娘借口取钱，从包内"嗖"地拔出一支手枪，歹徒惊呆了。可是，歹徒发现姑娘手中的枪不是真的，于是向姑娘扑去。就在这紧要关头，"假"手枪竟发出"噗"的声响，一个歹徒倒下了。另一个歹徒拔腿想逃，又被一枪击倒。还有3个歹徒不敢再逃，乖乖就擒。姑娘完全脱险了，可是她伤了两条人命，这怎么办呢？其实，把歹徒送到派出所后不久，被击倒的两个歹徒又活过来了。

请问：这究竟是怎么回事呢？

答 案

1. 破译情报

E=7，W=4，F=6，T=2，Q=0，东路兵力是7240，西路兵力是6760，总兵力是14000。

细心分析，可以发现只能是Q+Q=Q，而且Q＋Q=2Q，故Q=0。

同样，只能是W+F=10，T+E+1=10，E+F+1=10+W。

所以有三个式子：

W+F=10 （1）

T+E=9 （2）

E+F=9+W（3）

推出2W=E+1，所以E是单数。

另外E+F>9，E>F，所以推算出E=9是错误的，E=7是正确的。

2. 判断页码数

警长的算法是：开始9页每页用一个数字铅字，计9个；此后的90页每页用两个铅字，共计180个；再往后的900页百位数字的页码每页用3个铅字，共2700个。

因此推断出：这本书若是999页，就要用铅字：9+180+2700 = 2889（个）。但它只用了2775个字，因此书的页数在100～999之间。从第100页算起共需铅字2775−189 = 2586（个）；因每页用3个字，所以，2586÷3 = 862（页），再加上前边的99页，这本书共有961页。

3. 调查局难题

这位新助手将密函水平端起来，闭上一只眼睛，从下方看图形就会发现有"HELLO！"的字样。

4. 奇怪的钟表并不怪

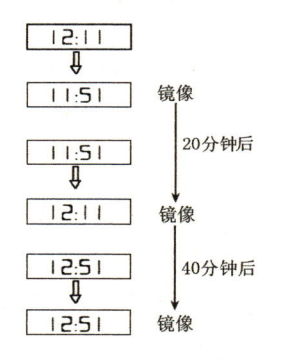

```
12:11
 ↓
11:51  镜像
       ↓ 20分钟后
11:51
 ↓
12:11  镜像
       ↓ 40分钟后
12:51
 ↓
12:51  镜像
```

这是一个镜像电子时钟，需要通过镜子映照才能看到真实的时间。事实上，数字都是反过来的，即12时11分是11时51分、11时51分是12时11分、12时51分正好也是12时51分。

5. 周末选择

对本题的一个合理的解释是：向东的地铁和向西的地铁到达该地铁站的时间间隔是1分钟。也就是说，向东的地铁到达后，间隔1分钟向西的地铁到达，再间隔9分钟后另一班向东的地铁到达，等等。这样，当然东去的可能性是90％。

杨明语产生迷惑的原因是，他只注意到同向的地铁到站的时间间隔是相同的，而没有注意到相向而开的两辆地铁到站的时间间隔是不同的。

6. 神秘的情报

把这些记号倒过来，即可用英文读出："西克柯是老板，他出售石油。"（Shigeo is boss he sells oi1）

如：

 ShiGEO iS GOSS
 hE SELLS OIL

即：
 ↓

 ShiGEO IS GOSS
 hE SELLS OIL

7. 常客人数

168 人。

假设常客的人数为"x"，可列出以下公式：

x=x/2+x/4+x/7+x/12+4

x=168

8. 拿破仑的结论

10、100、1000 三个数字，无论哪个都是 9 的倍数加 1，所以他们除以 9 都余 1。因此，这 60 袋子弹无论如何组合，合计的数量一定是这样计算出来的：（9 的倍数 +1）+（9 的倍数 +1）+（9 的倍数 +1）……=9 的倍数 +60。而 10000-60=9940，9940 除以 9 余 4，除不尽，因此子弹不可能正好是 10000 发。所以这个军需官不是徇私舞弊，就是个糊涂蛋。

9. 选择概率

在选择后再揭开另外一个空碗对他的选择没有任何影响，小王仍然是在 3 个碗中选择一个，他选择正确的概率仍然是 1/3。

10. 囚犯抓绿豆

（1）假设第一个人抓的绿豆多于 20 颗，则第二个人只需比第一个人少抓一颗，这样剩下的绿豆少于 60 颗，分给 3 个人，必然有一个人的绿豆少于 20 颗，则第二个人的绿豆处于中间，不会被处死。第三个人会选择前面两个人的平均数，此时平均数不是整数，大于 20 舍去余数，和第二个人的一样，不会被处死。第四个人会选择前面三个人的平均数，此时平均数不是整数，大于 20 舍去余数，和第二个人的一样，不会被处死。第五个人会选择前面四个人的平均数，但平均数大于 20 时，此时剩下的绿豆少于 20 颗，他和第一个人将被处死。

（2）假设第一个人抓的绿豆少于20颗，则第二个人只需比第一个人多抓一颗，这样剩下的绿豆多于60颗，分给3个人，由于绿豆不必全部分完，不一定有一个人的绿豆多于20颗，则第二个人可能被处死。第三个人会选择前面两个人的平均数，此时平均数不是整数，小于20进一位，和第二个人的一样。第四个人会选择前面三个人的平均数，此时平均数不是整数，小于20进一位，和第二个人的一样。第五个人会选择前面四个人的平均数，此时平均数不是整数，小于20进一位，和第二个人的一样。由第四条"若有重复的情况，则也算最大或最小，一并处死"，可是既然是一起死，为什么要这么抓呢？由第二条"他们的原则是先求保命，再去多杀人"，如果他不这样抓，别人选择最好的方法，那么被处死的将会是自己。如果他这样抓，即使别人选择最好的方法，也是一起死，符合先求保命，再多杀人的原则。

（3）假设第一个人抓的绿豆等于20颗，此时演变为4个人抓80颗绿豆的情况，如果第二个人抓的绿豆多于20颗，演变为（1）的情况，即第二个人相当于第一个人；如果第二个人抓的绿豆少于20颗，演变为（2）的情况，即第二个人相当于第一个人；如果第二个人抓的绿豆等于20颗，演变为（3）的情况，即第二个人相当于第一个人。

由此可见，当第一个人选择抓的绿豆多于或少于20颗，都会被处死，所以他一定会选择抓20颗；第二个人也是这样想的，以此类推。

所以结论是：5个人都抓20颗，一并处死。

11. 郊外露营跳舞的女孩有几个

根据题意，与米莉相邻的人既可以是两个女孩，也可以是两个男孩。如果与她相邻的人是两个女孩的话，那么米莉也必定是她们的邻居。既然这两个女孩的邻居之一是米莉，是个女孩，那她们另一个邻居也必然是个女孩。这样的话，整个圆圈就都是女孩了。所以，与米莉相邻的两个人一定是男孩，这两个男孩又分别与米莉和另一个女孩相邻。所以，圆圈就是在这个交替的模式下继续的，所以女孩的人数与男孩的人数应该是相同的，也是12个。

12. 一起枪击事件

作案时间是12时5分。这道题看似复杂，其实正确的计算方法是很简单的：从最快的丙的手表（12时15分）中减去最快的时间（10分钟）。或者将最慢的乙的手表（11时40分）加上最慢的时间（25分钟）也可以。

13. 车牌号是空的

10AU81号是肇事车。理由是见证人从自己汽车的后视镜中看到并记下的车号恰好是相反的，左右位置颠倒了。

14. 集中抓捕行动

歹徒如果聪明，可以先把船划到湖心，看准刑警的位置，再立刻从湖心向刑警正对的对岸划。这样他只划一个半径长，刑警要跑半个圆周长，即半径的3.14倍，而刑警的速度是歹徒的2.5倍，这样歹徒就能在刑警到达之前先上岸跑掉。

15. 盗墓者的自首

假如100这个数可以分成

25个单数的话，那么就是说奇数个单数的和等于100，即等于双数了，而这显然是不可能的。

因此，100块壁画分给25个人，每个人都不分到双数是不可能的。显然，自首的盗墓者说了谎话。

16. 狡猾的罪犯

设35秒为一个时间单位。5道门两次开启的时间分别是3、2、5、4、1个时间单位，所以5道门同时开启的时间间隔是60个时间单位，即1、2、3、4和5的最小公倍数。盗窃犯穿过5道门的时间最多只允许有4个时间单位（2分20秒），否则会惊动警报器。只有在一种情况下盗窃犯才有可能逃脱，就是从第一道门开启算起，按顺序每两道相邻的门之间开启的间隔是1个时间单位。在警卫相邻两次出现的时间间隔内，

即0和60个时间单位之间，5道门按顺序间隔1个时间单位连续开启的情况只在第33、34、35、36、37个时间单位内会出现，它们分别是3、2、5、4和1的倍数。所以，盗窃犯只要在警卫离开的第33个时间单位后穿过第一道门，以后每个时间单位穿过一道门，就能在第37个时间单位时逃脱。

17. 打开保险柜

里圈的数字是8。其实，要想打开保险柜，并不需要将里外圈的数字全部对上，只要将外圈最小的数与内圈最大的数对上就可以了。这样，里外圈每组数字相加都会是13。

18. 肇事车号

肇事车号是6198，因为被撞的路人在飞起来翻了半圈时看到的车号是倒着的。

19. 森林公园深处的凶情

从落叶上分析的，如果车子在森林中停放两天，车内和尸体上一定会堆满落叶；如果车上落叶很少或基本没有，证明车子停到这里的时间不长。而罪犯只能步行离开，在大森林里，既容易留下痕迹，又不容易走远。

20. 报警的数字

比利留下的这串数字指代了7、8、9、10、11这5个月份英文单词的词头：J-A-S-O-N，这说明绑匪是JASON（加森）。

21. 匿藏赃物的小箱子

斯密特探长根据带路人提供的每个箱子都有联系，而且都是400多号的情况，发现了其中的内在规律：两数之和的十位上的数字与第一个加数的十位上的数字相同，这就要求个位上的数字相加一定要向十位进1，1与第二个加数396十位上的9相加得整数10向百位进1，所以两数之和的百位上的数字一定是8，而它的十位上的数字从0～9都符合条件，因此，藏有赃物的另外9个箱子的号码是：408、418、438、448、458、468、478、488和498。

22. 奇异的钟声

李大伯醒来时，听到的第1声钟声是12点钟的最后一声，第2声是12点30分，第3声是1点，第4声是1点30分。

23. 遗书上的签名

因为打字机上并未留下任何指纹。

24. 玻璃上的冰

寒冷的天气里，室内温暖，冰霜都是结在室内玻璃上，户外玻璃上是不会结厚厚的冰的，可见波尔在编谎话。

25. 雪夜目击

当时下着大雪，目击者的车在外面整整停了两个半小时，目击者上车前并没有把车窗上的雪擦掉，所以他不可能看见那人摔下来。

26. 瑞香花朵

瑞香是一种只需要很少水的植物，如果水浇得太多，它就会死。卡罗尔小姐告诉警察自己每天给它们浇水，而且它们变得更美丽了，她肯定是在撒谎。

27. 沙漠归来

青年声称他昨天刚刚刮去长了几个月的络腮胡子，但他面孔黝黑、下巴呈古铜色。如果他真的在阳光下待了数月而未刮胡子，那长胡子的地方就应显得白净些。

28. 一个冷天里的冷玩笑

雪下了一整天，如果威廉姆斯小姐5分钟前刚刚回家，她的汽车就不会结冰了，而且车道上也肯定会有汽车轮胎留下的痕迹和她的脚印。因为房子没有车库，她不可能把车停在其他地方。所以，她肯定说了谎。

29. 教练的谎言

跳水运动员的职业病是眼角膜损伤较严重，视力较差，即使戴眼镜也无济于事。教练是退役跳水运动员，故不可能在深夜看见50米远的人右眼睑下的疤痕，所以他在说谎。

30. 证言的破绽

第一，既然两名劫匪进门时头戴面具，只露出眼睛，怎么可能嘴里叼着香烟呢？第二，既然歹徒戴着手套，又怎么可能用戒指划破托尼的脸呢？

31. 你在说谎

影子不可能在窗口。刘某

说"窗口有高举木棍的影子"，这就是谎言。因为桌上台灯的位置是在被害人与窗口之间，不可能把站在被害人背后的凶手的影子照在窗子上。

32. 是走错房间了吗

小伙子敲门露了馅儿。因为3、4两层全是单人间，任何一个房客走进自己房间时，都不会先敲房门的。

33. 管家在撒谎

管家抬起头是不可能看见主人踢倒小凳子的。要是能够透过窗玻璃看到地板上的小凳子，那间阁楼的小窗户就低得太离谱了。

34. 谁在撒谎

日本国旗正倒都一样，可见三副在说谎，所以船长断定是他偷了钱。

35. 抢钱的破绽

如果真是歹徒抢钱，是不会把钱一捆一捆地拿出来，给出纳员留下一个空包的。

36. 被杀的女乐手

洛克探长断定苏姗并不像邦德说的那样打算参加演出，因为一个大提琴手不可能穿紧身的裙子演出。

37. 识破伪证

人在划小船的时候，船行驶的方向和划船人的面部方向是相反的。所以向着桥下急速划来的那个男人，是背向着桥身的，他不可能看见桥上发生的事情。

38. 影子与谎言

房中只有一盏电灯，一个人只有一个影子，不能够同时出现在两侧的隔屏上。如果两侧的隔屏上同时出现一个人的影子，就可以断定当时房子里是两个人或两个人以上。

39. 园艺家是个骗子

一年生植物的寿命只有一

年，它的全部生命现象（发芽、生长、开花、结果、死亡）都会在一年内出现并结束，所以它绝对不可能年年开花结果。

40. 水生动物研究所

江山是说谎者，也是枪杀高森的凶手。因为研究所在水下 40 米的地方，大约有 5 个标准大气压，要想从这样的深度游向地面，必须在中途休息好几次，使身体逐渐适应压力的改变。15 分钟是游不回地面的。

41. 不想花钱买个谎言

蒂尔福说肯特的外套是"两年前买的"，可现在还很合体，而他的体重却在 7 个月里增加了 30 公斤，这是不可能的。

42. 梅丽莎在撒谎

巧克力在 28℃ 以上就会变软，而当时气温高达 34℃，梅丽莎的巧克力却是硬邦邦的，这说明她刚从有空调的地方出来，不是等了好久来接人的。

43. 背影与领结

既然她只看到了小偷的背影，又怎么能看到前身的领结呢。

44. 富孀报警

在落地窗前，探长看到早晨的太阳悬在窗前上空，因而得知落地窗面朝东方，贝蒂夫人在天亮前 4 点钟，看到落地窗后面有个人影，这是不可能的。

45. 嫌疑人答话

嫌疑人说是在东西流向的河南岸坐着看河水，即他是面朝北的。在北纬 29 度线以北，可以看到月球和太阳一样在天空的南部东升西落。如果他面朝北，是看不见月亮在河水中的倒影的。

46. 警长的反问

当时气温是 –5℃，任何一个人从 1500 米外的湖边跑到旅馆最快也要 5 分钟，那个人衣服上的水早该结冰了。可见他是在害死朋友后，回到旅馆附近在身上洒了一些水，妄图蒙混过关。

47. 金网球俱乐部的一夜

人的视力不可能在"黑乎乎"的夜晚，看清100米以外卡车上的车牌号码。霍克探长一下子就抓住了这一破绽，识破了这个人的诡计。

48. 政府办公室被盗

农夫在撒谎。只有野鸭才会孵蛋，家养的鸭子经过长期的人工选育已经退化，是不会孵蛋的。

49. 诚实国与说谎国

问题是"你的国家在哪里？"因为无论问的是哪一国的人，他的回答肯定都指向诚实国。

50. 报案的秘书

卧室里铺了厚厚的土耳其驼毛地毯，村井探长走路的时候，听不出脚步声，可是女秘书却说，从话筒里听到凶手的脚步声，说明她是在撒谎。

51. 雨中的帐篷

阿尔在撒谎。阿尔说他们早上就支起了帐篷，可当时还没下雨，帐篷里的地面却是湿的，显然帐篷是雨后支起的。说明他就是凶手。

52. 胡同里的假案

玛丽说她只从后面看到了抢劫的人，却明确说出嫌疑人穿着开襟汗衫。这种汗衫的扣子是在前面的，从后面看是无法判断出来的，显然玛丽在撒谎。

53. 火炉上的烤肉

这个人既然说自己迷了路，没有来过这里，却能够知道炭块已经凉到把手伸进去不会烫伤的程度，这不是自己犯了逻辑错误吗？显然他就是凶手。

54. 撒谎的肯特

在圣诞节前一天，肯特是无法利用太阳光在北极圈内生火的。因为从当年10月到大约第二年3月期间，北极圈里是没有阳光的。

55. 一只大红的龙虾

龙虾只有煮熟了以后才会变成红色，老板怎么会把已经煮熟的龙虾再煮一次呢，显然这个人在说谎。

56. 指纹

指纹留在了门铃上。

57. 枪击案

杯口的红色，也就是唇印。一般修女是不会涂口红的。

58. 为何指控她

奥尔森的手表不可能是在搏斗中摔坏的，因为奥尔森是被人从背后刺死的，所以，手表上的时间只是假象。现场的混乱和咖啡也是假象，因为实际上没有任何搏斗。

最后，纸杯上只有约瑟夫一个人的指纹，可是玛丽明明告诉警察是自己把纸杯扔进废纸篓的，纸杯上理应有她的指纹。所以，玛丽撒了谎。

其实，她就是凶手。她戴上手套，用毒刺刺死了奥尔森，然后伪造现场，想嫁祸于约瑟夫，却不小心露出了马脚。

59. 小错误很致命

安格莉卡一再声称她不认识哈里希，但她却知道哈里希的全名是路德维希·哈里希，很显然，她是认识此人的。

60. 可疑旅客

从曼谷有直达北京的航班，没有必要绕这么个大圈子。即使是旅游，哪有一天之内飞经那么多地方的？另外，长途旅行，行李却非常简单，违背常理。

61. 一张照片引发的秘密

这位摄影师有着丰富的摄影经验,他断定歹徒给董事长女儿拍照的时候,歹徒的相貌一定会映在她的眼球中。拿到照片后,他运用先进的显影技术,将照片放大,直到能清晰地看出歹徒的相貌。这样警方就可以抓获歹徒。

62. 使用伪钞的家伙

是考纳。因为克罗伯收款时,考纳给他一张100马克的钞票,没有其他钞票对比,所以克罗伯没有识别出来。若是其他两位旅客付两张或三张100马克,真假混在一起,克罗伯就很容易发现。

63. 谁把花踩坏了

萨拉脚上那双沾满了泥的鞋子告诉了尼娜。本特先生刚刚给他的花圃浇过水,而天气晴朗干燥,因此萨拉脚上的泥一定是在她闯入花圃时沾上的。

64. 衣架上的大衣

朱莉·贝克尔说自己是第一批来到的客人,她也声称从未出去过。但当她出去取大衣时,探长发现她的大衣却在衣架的顶端,而如果真是第一批客人,她的大衣应该在衣架的最里端才对。

事实是,当入口大厅没有人在时,朱莉悄悄穿上了大衣,偷走花瓶,跑到外面把花瓶藏到了一个空的树洞里。当发现花瓶不见时,朱莉已经回到房间了。

65. 绑匪是谁

问题出在地址上。既然大地址是真的,小地址是假的,而绑架犯不可能不想得到赎金,那么说明这个绑架犯必然是十分熟悉当地邮寄地址的人,最大的怀疑对象自然就落在了赎金寄达地点邮局的邮差身上，因为除了他以外，没有人能够收到，也不会引起怀疑。因此，绑架犯的真实身份就是当地的邮差。

66. 无冤无仇

证据便是波恩放到保险柜里的留有杀手指纹的酒杯。

67. 逃犯与真凶

议员是真正的凶手。他进诊所时，陌生人已经换上了干净的衣服，并且吊着手臂，他不应该知道陌生人是背部中弹。

68. 集邮家

霍金斯意识到杀人凶器正是从集邮家桌上不翼而飞的放大镜，而放大镜是检视集邮品必不可少的工具。

69. 墙上的假手印

老人看到5个指头的指纹全部是正面紧紧地贴在墙上才觉得可疑的。因为手指贴到墙上时，拇指的指纹不应全贴在墙上。

70. 目击证人

地上的油漆痕迹告诉乔博士，海德走到路中间时，看到了凶杀情景，于是他跑进工具间将自己反锁在里面。工具屋里的挂锁和半路至工具屋的油漆痕迹变成椭圆形，并且间隔拉大都是证据。

71. 考卷里的错误

试卷共有4处错误：（1）中午，当太阳高悬天空中时，不论树木多高多矮，都不会有影子。（2）水源靠地下涌泉补充的湖是没有潮流的。（3）海鳟是海水鱼。（4）贩毒犯开始往回划时是"午夜刚过10分"，因此"午夜时分"巡逻队不可能在对岸发现他们的船。

72. 完全不对的车子

西格马尔交罚款的那张10

马克的号码,是第一次被抢劫的75000马克中的一张。

73. 一个报案电话

雾气是在窗户里面才有的,而不是外面。费林先生不可能在外面把雾气擦掉看到伍德先生的尸体。

74. 自杀的餐馆老板

如果餐馆老板开枪自杀,他不可能有时间把枪和便条放在桌子上。而且,要是便条是他预先写好的话,它应该在手枪的下面而不是上面。

75. 保密的措施不保密

因为雪特点燃了壁炉里的干柴,烟囱必然冒烟,屋里没人,而烟囱冒烟,一定会引起巡逻警察的注意。

76. 开具火葬证明

警察审视来人,发现对方在悲哀中带有惊惶的神色。另据死者的姐姐提供:妹妹早就怀疑丈夫有外遇,夫妻间经常吵闹,而近几个月来夫妻又和好如初,想不到妹妹会突然死亡。原来丈夫为达到同勾搭的女人结婚的目的,蓄意杀妻,先假意和好,使妻子解除戒备。这天,他削了一个苹果,暗地里将氰化物放进挖好的小洞里,让妻子吃了下去。

77. 遗书是伪造的

如果仰面朝上用圆珠笔写字的话,在信笺上写不了几行字,圆珠笔就不出油墨了。

78. 可靠的证据

堂弟的指纹。人们的外貌可以相似,但指纹绝不会雷同。

79. 雪地上的脚印

往返的脚印不同。扛着尸体时重量大,所以留在雪地上的脚印就比较深,而返回时是空手而归,脚印浅,所以断定报案者就是凶手。

80. 重大发现

因为教科书里说非洲盛产钻石，于是他断定是有人用鸵鸟来运钻石，于是很快就锁定了作案的人群。

81. 不在场证明

刑警看到水槽里的热带鱼正欢快地游动，便识破了这个女人的谎言。因为在下大雪的夜里，若果真停了一夜的电，那么水槽里的自控温度调节器自然也会断电，到清晨时，水槽里的水就会变凉，热带鱼也就会冻死了。

82. 凶手的破绽

按常理，如果张庆没去上船，船夫应该直接喊："张老板，你怎么还没上船啊？"

只有在船夫知道张庆不在家的时候，他敲门时才会直接喊："大嫂，张老板在哪里？他怎么还不上船啊？"可见应该是船夫见财起意，把张庆杀害了。

83. 不翼而飞的赎金

歹徒从22号寄物箱旁边的箱子里，将中间的隔板取下，然后把手提箱拉过去，取出钞票后再把手提箱推回原处，然后再放好隔板，一切恢复原状。

84. 吞蛋送命

赵三把鸡蛋浸在酸中一段时间，然后，将小钢针慢慢刺入蛋里。这时，蛋壳的石灰质被酸浸解，变得软而略带韧性。钢针刺进时，蛋壳不会爆裂。待钢针完全刺入蛋内，蛋壳便自动封口，这时再将蛋拿出来，让酸挥发掉，鸡蛋就和正常的鸡蛋一样了。

85. 凶器是什么

杰克为了报复吉利，在下雨天从屋顶扔下一大块冰块，这样可以把吉利的小木屋砸烂，而且过几个小时冰块就会化掉，特意选下雨天就因为此，什么痕迹都不会留下。

86. 凶器消失了

凶器是用冰块做成的锋利的短刀，对着柔软的腹部，用冰做的短刀杀人是完全可能的。凶手为了不使冰融化，将其放入暖水瓶，再装入干冰带进浴室，趁对方不备突然行刺。

87. 手枪队护送宝马

盗贼把整个车厢都盗走了，他们把马和手枪队一块儿劫持了。

88. 失踪的赎金

绑匪是司机。赎金在汽车里。他车中放着两个同样的手提包，埋进去的是空包。

89. 引爆

罪犯趁被害人外出时，悄悄地溜进屋里，在火药里掺上氨溶液和碘的混合物。氨溶液里加入了碘，在潮湿的状态时是安全无害的。但是只要变得干燥，高音量的震动就会使其爆炸。

90. 犯罪手法

罪犯不可能分身，却可以间接地与鲁彭通电话。问题还是出在罪犯家里，能够做到让罪犯知道电话的条件就是罪犯家有两台电话。鲁彭挂电话时，罪犯的妻子会立即使用另一台电话呼叫罪犯。随后，他妻子就把这两部电话的受话器和送话器相对着靠在一起。

91. 寡妇之死

凶手拿出胶囊性质的毒药，谎称是安眠药，给死者服下。在胶囊尚未消化时，凶手就先行离去，所以有了不在场的证据。

92. 被偷得彻底的别墅

原来窃贼装扮成搬家公司的工人，所以才敢在大白天把小北的家偷得这么彻底。

93. 工人偷运橡胶事件

那些空胶桶就是偷运出去的橡胶。工人们先将橡胶提炼制作成桶形，待运出厂后，再将它熔化掉，转卖给他人。

94. 同样的剧情不同的结论

王力在道路前方立了一面与道路同样宽的大镜子。这样，就使江文产生了错觉，将镜子里反射出的自己的车当作对面开来的车子，于是慌忙打轮掉进了大海。

95. 警犬也会有失误

越狱犯是通过改变脚的气味逃走的。越狱犯在树林里脱下鞋子，并往鞋里撒尿，再继续往前跑。如此一来，足迹的味道改变了，警犬再厉害也会被弄糊涂的。

96. 古屋幽灵

当然没有真的幽灵，而是一项阴谋。原来，由于传说这座古屋里藏有大量珠宝，有人正在悄悄地寻找。而这座古屋被出售，工人们要进去整修。为了使寻宝不受工人们的干扰，躲在里面的寻宝者便假扮幽灵吓唬人，以此使别人不敢贸然进去。他先穿上又宽又长的袍子，再用毛巾包住脸，然后全身涂上磷。因为磷的燃点很低，一般室温中也会燃烧，发出蓝白色的火光，但磷火的温度不高，不会烧伤人。就这样他站在椅子上，又宽又长的袍子将椅子遮住，粗看起来像个巨人，为了使自己的形象更为恐怖，同时防止别人朝他开枪，他便利用了客厅里的镜子。也就是说，他并没有在客厅里，而是站在客厅楼梯转弯处的平台上。由于正对着大镜子，他的形象便从镜子里反射出来。所以，当道格斯教授抓起椅子砸碎镜子后，幽灵便不见了，而道格斯教授也明白，这是有人在装神弄鬼。

97. 女窃贼

伸助和尚用胶布把仿制的牢房钥匙贴在碗底。因为碗里装着面条，女看守辛吉没有将碗底翻过来检查。成田久子吃着情人送来的面条，当然会想到伸助和尚可能是来帮她越狱的。她仔细地摸索碗底，偷偷地将钥匙取下来。

98. 酬金有诈

这位女子是某医院的工作人员，凭借特殊的身份知道H公司的经理患了心脏病，并且知道他最多能活3个月。等到H公司的经理一死，这位女子就理所当然地得到了丰厚的酬金，而查理斯却被蒙在鼓里。

99. 瞬间逃窜的匪徒

管理员在铰断大厦电箱保险丝的同时保留了电梯的保险丝，所以案犯可以乘电梯逃走。

100. 罪犯的阴谋

罪犯是在上午把牧马人绑在枯树上的。罪犯是用湿的生牛皮捆住被害者的脖子后扬长而去的，那时被害者还没完全窒息。湿牛皮在夏天太阳的照射下，逐渐干缩，直到勒紧牧马人的脖子，使其窒息而死。

101. 凶手的作案手段

刀是用弓箭射出去的。如果留意凶器日本刀上没有把手，谜也就解开了。也就是说，凶手是将日本刀当作箭，在25米以外用力拉弓射出来的。

102. 时间观念很强的银行经理

罪犯就是鲁克伯的侄子。表从高处掉下来，不是停，就是变慢了，不可能变快，这是他侄子上楼开窗时故意拨快的。他又有意朝天放枪并大声诅咒，知道伯父只要被吵醒必定要下楼来对表，事先在地毯上弄了皱褶，让他绊倒，从楼梯上摔下来跌死。

103. 雪后脚印

这是一个人由于某种原因而伪造的自杀现场的恶作剧。

首先他制作了一副高跷，但这副高跷是脚尖朝后的。当快要下雪的时候，他拿着这副高跷走到了峭壁上；当雪将停时，他就踩着自制的高跷，小心翼翼地一步步按原路走回村了。

104. 中毒

毒酒是温酒温出来的。锡壶其实是铅锡壶，含铅量很高。酒保把铅锡壶直接放在炉子上温酒，酒中就含有了浓度很高的铅和铅盐，多饮几杯，就会出现急性中毒！

105. 滑雪场的凶案

正是这位男子杀死了女游客。他用绳子拴住滑雪杆，然后把滑雪杆向后投去，刺中了女游客的胸口，又用绳子将滑雪杆拉回来，所以在现场找不到凶器。

106. 不可能发生的事

这么一具高大的尸体，还绑着这么多沉重的铁饼，显然是无法一次性拖动的。原来，为了毁尸灭迹，这个司机先将女尸装入布袋抛入大海，然后再将铁饼绑在布袋上。为了达到目的，他不惜一次次潜入水里，将铁饼逐个绑上。这个凶手的耐心实在了得，只可惜"天网恢恢，疏而不漏"。

107. 硬币透露了案情

布朗事先把钱扔在地上，等吉姆回来发现硬币弯腰去拾时，他便从二楼窗口朝下射箭，所以能正中吉姆的背部。

108. 狡诈的走私犯

霍普走私的正是他每月定

期开过海关的高级轿车，而他那3个神秘的行李箱是迷惑转移海关视线的工具。当海关人员为此而头昏脑涨时，也就忽视了真正走私的轿车。

109. 打破的水晶花瓶

凶手用的凶器是一把用水晶做成的小刀，他用水晶刀故意打碎花瓶，然后把刀扔到水晶碎片里面以混淆人们的注意力。

110. 老虎的微笑

这是个极端凶残和聪明的凶手。他想除掉玛莉，可又没有机会，于是借老虎来行凶。他想办法在玛莉的头发上涂了一些有刺激性气味的药品。老虎闻到药品的味道，忍不住想打喷嚏，于是露出微笑一般的表情。由于喷嚏的力度过大，玛莉的脖子被咬断，凶手的目的也就达到了。

111. 没有消失的指纹

警察还是凭着那个指纹找到他的，原来指纹是有再生功能的，当皮肤再生的时候，指纹也会重新浮现出原有的模样，所以，通过给手指动手术的方式来改变指纹并不可靠。约翰不懂得这一点，便使自己在不知不觉中露了马脚。

112. 有人杀害了我的丈夫

伯顿夫人的话是有很大的破绽的：

因为史留斯一进伯顿夫人的家，觉得很暖和，以至脱下外套，摘掉帽子、手套和围巾，而那天室外很冷，寒风呼啸。如果按伯顿夫人的说法，那扇窗打开了至少已有45分钟，那么房间里的温度应该是很低的。这一点足以说明那扇窗刚打开不久。所以，史留斯先生不相信伯顿夫人的话。

113. 教授的凶杀案

杰利摸黑进去开灯,而教授的尸体横在门口,他却没有被绊倒,说明他早已知道那里有具尸体。显然,他对波洛说了谎。

114. 消声器坏了

洛克的身高和他妻子相差悬殊。如果上午是他妻子开的车,那么她一定会调整驾驶座的位置,以适合自己的身高。可是,洛克却能够舒舒服服地坐在驾驶座上,这证明最后一个开车的不是他妻子。

115. 被窃的手提包

如果女招待员端着热牛奶进屋时下巴让人打了一拳,那杯牛奶早就洒了。可是哈尔根看见那杯里的牛奶还是满满的,这不合常理,便断定女招待员一定说了谎,由此破了案。

116. 不翼而飞的奔驰

世界上有少数国家规定,车辆左侧通行,右侧超车,日本就是这种规定。所以斯蒂尔听克里夫人说那辆客货两用车从她的左侧超车,便知道她在说谎,于是,揭穿了她的骗局。

117. 一根白色的细毛

证据就是那根白色的细毛,巴特将细毛带回去后,经鉴定是小白鼠身上的毛,为了麻痹罪犯,他故意制造假新闻,说罪犯已被抓获。而后,他又以高额酬金为诱饵,让罪犯自投罗网。

118. 能说话的尸体

周纡从众人的议论里,知道尸体是刚放在这里的,他假装审问,开始细细地观察尸体,果然,他从尸体的头发和耳孔里,看到很多稻草屑,便很准确地判断出凶手是把尸体藏在稻草里，混进城门的。

119. 树叶上的血迹

一楼外窗台上树叶上的血迹，说明死者在掉到地面上以前已经负伤，是在从二楼下坠的过程中，血滴洒下的，因此是他杀。如果是不慎失足坠到地面上以后出血的，那么血迹就不会落到树叶上了。

120. 桅杆上的白布

白布和旗子一样，没有风绝对不可能飘起来，人们当然也就无法看清楚上面的字。鲍里金正是在这个细节上露出了马脚。

121. 一定是桩凶杀案

当被害人睡熟后，冈本先在门的四边把封条贴上一半，然后打开煤气开关。他走出房间关严门，然后就用吸尘器的吸口对准门缝，这样剩下的一半封条被吸尘器一吸，就紧紧地贴在门和门框上，造成了被害者自杀的假象。

122. 巧留鞋印

原来，在三个月前当汤姆买鞋的时候，理查德也买了另一双完全相同的鞋子。他乘汤姆不备，每隔一天就把这双鞋子换给汤姆穿。由于汤姆是两双鞋子轮流穿的，所以鞋子的磨损情形差不多。案发当日，理查德穿着其中一双鞋子到詹姆斯家谋杀了詹姆斯，又故意在院子里留下鞋印。第二天，他再把这双鞋子与汤姆的鞋子对换，然后把换出的鞋子丢弃，以毁灭证据。

123. 旅馆里的凶案

虽然巴尼特声称他不知道梅丽莎被谋杀之事，但他却从杀人现场拿回了金笔。如果他是无辜的，他就应该到第三大街梅丽莎的新居去寻找金笔。

124. 不在现场

罪犯利用录音机制造了不在现场的假象。罪犯先将住所附近的打桩声用录音机录制下来，然后于案发时间内，在凶杀案现场和老朋友通电话时把它播出去。

125. 小游艇上的凶案

内森·柯恩因涉嫌犯罪而被拘捕。因为在狂风巨浪中，要写出清晰的蝇头小字是不可能办到的。

126. 是巧合还是谋杀

这是伪装的现场。因为椰蟹是生长在海岛上的一种陆生寄居蟹。它有一种习性：白天钻进海岸的洞穴内，几乎不出来，晚上才出来活动。既然青年的死是在白天午后，因此绝不会是椰蟹剪掉椰子砸死的。

127. 奇怪的密室杀人案

存放杂物的储存室的壁板墙，全是从里侧用钉子钉上去的。其中两三张壁板是用强力胶粘上去的。罪犯把这几张壁板取下来，走出房间后再把壁板涂上强力胶，粘到原来的位置上去。壁板上仍留有旧铁钉帽儿，所以，从外面冷眼一看，这个房间的四周墙壁似乎全用铁钉钉着，给人以完全封闭的错觉。

128. 被害人溺水死亡

凶手给被害人服用了麻醉剂，并在船上做了手脚使船缓慢进水。这样在1个多小时后被害人药效尚未完全解除时船沉入水，致使被害人在半清醒的状态下溺死。

129. 同事间的生死较量

艾伦很狡猾，他把氯化钾涂在水果刀的一面来切苹果，把沾有氯化钾的那半个苹果给了布伦特，而自己吃的是没有沾到氯化钾的另外半个苹果。

130. 离奇死因

凶手是管家。死亡原因不是枪杀，而是电击致死。

131. 酒店谋杀案

凶手在门外吵闹，打架生事。记者想查看究竟，即从锁匙孔向外观看，但凶手的毒针已等待着他。一针刺下，死者即中毒，因而死于密封的空间内。

132. 主谋

张先生将狗训练得一听见电话铃响就立刻对人进行攻击。当时，张先生打电话给邓先生，狗听见电话铃声后便依照平日的训练去攻击人。

133. 特工情报员遇害

那是两辆车并排在公路上行走，只不过两辆车都亮着一盏灯。对方早就预料到情报员会向旁边闪避，所以安排了这个万无一失的假局。在灯的照耀下，情报员看不到真相，果然中计。

134. 移花接木

警察看到蜡烛后产生了怀疑，再加上停电，蜡烛一直没有熄灭。假如晶晶是在自己屋里被杀，过了23个小时，蜡烛早就燃尽了，一定是有人夜里把尸体弄来，走时忘了吹灭蜡烛。

135. 死亡与鲜花

因为尸体下面的月见草开着花。月见草只有在晚上才开花，如果死者真的是昨天下午在这里自杀，那么压在尸体下面的月见草就不应该是盛开的。这表明，尸体是昨天晚上被人扔在这里的。放个有毒的果汁瓶，只是为了迷惑人而已。

136. 空姐被杀

凶手开枪时，被害者正背对窗子弯腰，子弹射穿了她的大腿后进入胸部，所以表面上看好像是中了两枪。

137. 请专家来断案

植物也有血型。尽管植物没有红色的血液，但也有确定血型的物质。那躺在床上的尸体枕着用荞麦皮装的枕头，由于荞麦中有 A 抗原和 B 抗原，所以枕头上验出了血型。而在车祸一案中，轮胎碾过山村小路上的植物，能够确定植物血型的物质就粘在轮胎上了。

138. 子弹会拐弯吗

杀手听到广播时得到启示，于是他躲在车尾，利用列车行进中转弯形成的弧度，抓住时机开枪射击罪犯。

139. 第二枪

开枪的是死者自己。原来，他的第一枪放空了，第二枪则贯穿他的头部并穿过了房门。

140. 游船上的谋杀案

两天没有喝水的人，是不可能满头大汗的，说明那个男子在撒谎。实际上是他为了独吞淡水，把汤姆杀害了。

141. 阳台上的枪杀案

凶手就是射击运动员，他趁伊里杰夫练习倒立的时候，从二楼阳台往上射击。

142. 一片沉寂

如果确如哈利所说是在看电视时突然停电，同时发生了谋杀案，那么当电闸合上后，电灯亮了，老式电视也应有节目，寓所里不会是"一片沉寂"。

143. 等鱼上钩

到了天黑，官员把老妇人放走，命令手下人秘密跟踪，看谁与这老妇人说话。这样反复三天，发现都有同一个人找老妇人。因他作案心虚，见每天都留下老妇人，就急忙打听虚实，正好中了主审官的圈套。

144. 寓所劫案

画家临死前说的"……开……关……掀……米……勒……"并不是指掀开米勒的画像，而是指掀开钢琴盖，按键上的两个音符"3""6"（米为3，勒为6）。按下这两个键后，地道的门自然就打开了。

145. 不早不晚，正好七点

收录机既然能录进枪声，那么也能录进屋里挂钟的报时声。这说明罪犯是在其他现场一边录音一边杀死被害者的，然后把尸体与录音机一同移至这第二现场。

探长根本无须听录音，就能够得出这一结论。因为如果录音里面有挂钟的报时声的话，他手下的侦探早就该知道确切的谋杀时间了，根本无须去问电视台。

146. 一尊假香炉

公元前128年的人，是不可能预先知道以后要实行公元纪年的。

147. 小福尔摩斯

蟑螂在自然死亡时是肚皮朝上的。可是，本杰明看到的蟑螂的尸体却是背朝上的。雅各布懂得的昆虫学知识太少，被本杰明看出了破绽。

148. 三个嫌疑人

如果A是盗窃犯，那么A是说假话的，这样他必然说自己"不是盗窃犯"；如果A不是盗窃犯，那么A是说真话的，这样他也必然说自己"不是盗窃犯"。

在这种情况下，B如实地转述了A的话，所以B说的是真话，因而他不是盗窃犯。C有意错误地转述了A的话，所以C说的是假话，因而C是盗窃犯。

149. 拿走了一颗珍珠

窃贼要的不是珍珠，而是那个首饰盒！这个窃贼其实是卢米埃尔首饰盒的另一个收藏者。他自己的首饰盒上的锁坏了，所以他计划将自己的首饰盒跟福斯特的首饰盒调包。为了不让福斯特先生起疑心，他仿造了一个珍珠项圈（不幸的是，仿造的项圈只有 99 颗珍珠），然后在宴会中趁人不备，换走了福斯特的首饰盒。

威尔侦探手上的名单就是卢米埃尔首饰盒收藏者的名单。当他发现这份名单上的一个名字同样出现在福斯特的客人名单中时，他认为这个人就是窃贼。

150. 藏珠宝的罐头

女警官拿来一块木板，搁置一定坡度，将 12 听罐头并列在木板上滚动，发现其中一听滚得较慢，即是珠宝罐头。

151. 那个人就是罪犯

阿格瑟确定那人是罪犯，因为他知道失窃的是珠宝店，而阿格瑟未向那人提到这一点。

152. 智寻窃贼

其实员工们的草棍是一样长的。劳思故意说有一根稍长一些，小偷做贼心虚，怕当众出丑，就把自己的草棍掐去一截，这样唯有他的那根草棍比别人短一截，正好露出了马脚。

153. 警员与警长

医生将病人抬上救护车时，必须是先进头，后进身体。歹徒做的正好相反，所以被警长识破了。

154. 赃物藏在何处

货物埋藏在下午三点云杉树顶在地面的投影处。

155. 银行抢劫案

按照斯通先生的叙述,他们在回银行的路上,不应该先看到钱袋,再来到他逃走的地方,因为钱袋是在斯通先生逃走之前扔掉的。所以,斯通先生说的是假话,他肯定参与了这起抢劫案。

156. 谁是劫匪

两个男子的身材既然相差悬殊,手腕粗细自然也会有明显的分别。只要仔细观察一下表带上的洞孔痕迹,便会清楚地知道手表的主人是谁了。

157. 谍报员与定时炸弹

让表停下就可以了。谍报员用打火机将闹表字盘的外壳烧化,再用速干胶从洞中伸进去将表针固定住。只要表针不动,无论什么时候也到不了四点半,炸弹也就不会被引爆。

158. 大侦探罗波

那个人说他听到长颈鹿的嘶鸣后才被尸体绊了一跤。但是,实际上所有的长颈鹿都是"哑巴",它们根本不会发出嘶鸣。他如果不是凶手,就不会编造假话。

159. 聪明的谍报员

马克被监禁在新西兰。因为在北半球的夏威夷宾馆里,拔下澡盆的塞子,水是呈顺时针方向旋转流进下水道的。而在这个禁闭室,水是呈逆时针方向流下去的。所以,马克弄清了当地是位于南半球的新西兰。

160. 究竟发生了什么

波洛在雪地上只看到了杜弗斯留下的脚印。他还看到,积雪从谷仓的屋顶不停地滑落下来,掉在了杜弗斯认为自己被袭击的地方。原来,可怜的杜弗斯把雪落下来的声音误认为是外人闯入的声音，而且被从屋顶掉下来的雪块砸伤了。

161. 第一感觉

约翰是男性的名字。律师和会计师都是女性，邮差是这屋里唯一的男性。

162. 摩尔的暗示

摩尔特意选在更夫走到屋子外的时候点亮了灯盏，这样一来强盗拿着刀的影子就很清楚地映在了窗户上，这就是给更夫的一个最好的暗示，所以更夫知道了屋子里有强盗。

163. 老地质队员遇难

公安人员看帐篷支在一棵大树下，就断定此地不是案发第一现场。因为被害人是有经验的老地质队员，他不可能在野外将帐篷支在大树下，如果天气骤变，在大树下会有遭雷击的危险。

164. 聪明的警长

警长说的是："你们可以走了。"当第二个人起身离座时，警长便知道他是装聋扮哑的。

165. 粗心的警察

怀表指针停在 4 时 21 分 49 秒。

我们可以观察到，在 12 个小时内，时针与分针有 11 次重合的机会。时针的速度又是分针的十二分之一。因此，继上一次重合之后，每隔 1 小时 5 分 27 又 8/11 秒，时针和分针才能再度重合一次。

耐心地计算，午夜零点以后两针重合的时间应该是：（1）1 时 5 分 27 又 3/11 秒。（2）2 时 10 分 54 又 6/11 秒。（3）3 时 16 分 21 又 9/11 秒。（4）4 时 21 分 49 又 1/11 秒。因此，怀表指针停的位置不外乎以上

4种情况，而那个粗心的警察看到秒针停在有斑点的地方正好是49秒处，因此之前怀表指针停在4时21分49秒。

166. 凶手就是他

凶手是代号608的光，因为女侦探当时是背着手写下的608，数字排列发生了变化，正反顺序也颠倒过来，608就是809。

167. 哪一间房

史蒂夫敲了305房间，因为经理说计算机标示和房间的住客身份完全不符合，表示305房间里一定是两女或者两男；如果敲了305房间，听出了声音是男或女，就可知道305房间里是两男或两女。

假设305房间里是两男，则原本的301房间里一定是两女，而303房间里则是一男一女。

而另一种可能性是，305房间里是两女，则原本的303房间里一定是两男，301房间里则为一男一女。

168. 侦探波洛

很简单，波洛并没有指明罗丝的哪只脚受了伤，伊丽莎白却已经知道她伤了右脚，证明她看到罗丝被打伤，可她却撒谎说睡着了。原来，她是为了除去情敌，才故意用猎枪打伤罗丝的。

169. 伪证据

目击者说他看见劫匪从户外穿过救生门进了大楼，这是不可能的，因为救生门是在发生紧急情况下的出口，平常是锁着的，只有在情况紧急时才能从里面打开。由于找到了这个破绽，警察申请了搜查证，搜查了这个目击者的汽车，找到了被抢走的钱包。

170. 职员的话

因为职员在说谎，如果小偷从外面撞碎玻璃进来的话，室内的玻璃碎片一定会因被窗帘挡住而散落在窗下，而不会散落一地。所以极有可能是职员监守自盗。

171. 开庭审理

做出如此裁决的原因是坐在被告席对面的主审法官提醒了陪审团：刚才，在律师进行那场"即兴的心理测验"的时候，全厅的目光确实都转向了那扇侧门，唯独被告琼斯例外。他依然端坐着木然不动。因此，可以得出结论，在全厅的人中他最明白：死者不会复活，约瑟夫是不可能在法庭上出现的。

172. 伪造的现场

如果绑架确实发生，那条由床上用品组合成的带子是承受不了绑架者和莎丽两个人的重量的。在这种情况下，他们会把床拽离墙壁，就像报童顺着带子下滑时出现的情况一样。

173. 报案破绽

邻居并未听见狗叫就是证据。如果真的有强盗潜入，受过严格训练的狼狗就会大声吼叫。然而，西边邻居家老头只听到了汽车的声音，这说明凶手是狼狗熟悉的人，也就是狗的主人清水。

174. 行李箱被窃案

犯罪的证据就是那把52号行李箱钥匙的复制品。为了骗取钥匙，这帮窃贼首先存入他们自己的行李，然后派人用复制的钥匙取出别人存入的箱子，所以他的口袋里一定有一把同样的钥匙复制品。

175. 财会室起火案

走电失火不能用水灭火，

只能用喷射四氯化碳或二氧化碳的灭火器灭火。会计说自己是用水把火扑灭的,又肯定地说火灾系走电引起,这显然违反常规。

176. 被冤枉的狗

如果是狗咬伤莫亚太太,她的裤子不可能完好无缺。

177. 被淹死的人

思维定式是侦探最大的敌人。在海水中溺死是一条重要的线索,同时它也在暗示警察案发地点是在海边,而特里拥有不可能作案的时间证据。

实际上,并不是被海水溺死就一定发生在海边,如果有足够多的海水的话,在浴缸里同样也能作案,然后放掉海水,装满淡水,这只需要10分钟就足够了。

178. 墙外树下

死者脚底板的伤痕是从脚趾到脚跟,是纵向的,若他真是爬树时从树上摔下来的,那么脚底板不会有纵向的伤痕。因为爬树时要用双脚夹住树干,脚底受伤也只能是横向的。

179. 谷底逃生

借助水的浮力。

一个人先攀上软梯,另一个人待水齐到颈部时开始攀升。攀升速度与水涨的速度相等,使水的高度始终在人的颈部。借助水的浮力,软梯就可以负担两个人的重量了。

180. 皇帝、大臣与侍卫

这20位大臣都立刻杀了自己的侍卫。

假设大臣只有A、B两个人,A大臣肯定会想:B肯定知道我的侍卫是好还是坏。如果我的侍卫是好人,他肯定会杀了他的侍卫,结果就会刊登在第二天的报纸上。如果早上的报纸没有刊登这条消息，那么我就在第二天杀了我的侍卫……以此类推。到第20天，报纸没有刊登消息，那么所有的大臣就都杀了自己的侍卫。

181. 昏庸的皇帝

那大臣摸出一张纸卷后，装作不小心的样子投入油锅下的灶火中。这样，要判断他刚才摸出的是什么字，只有开箱验看。当皇帝看到箱中剩下的是一"死"字，就能证明大臣刚才摸出的是"生"字。

182. 被打翻的鱼缸

在黑暗中，当用人与盗贼搏斗时，将大鱼缸碰翻掉在地板上摔碎了。电鳗便爬到地板上，而且碰到了盗贼的身体使其触电死亡。

电鳗属于硬骨类电鳗科的淡水鱼。生存于亚马孙河及奥里诺科河流域，长成后，身长可达2米。尾部两侧各有两处发电器官。电压可高达650～850伏。如果碰到它会受到强电流的打击。连猛兽也会被电死，更何况是人呢？

183. 勤快的表弟

表弟的清洁行为像是在掩盖证据。未经要求主动粉刷地下室的行为显得尤其可疑，他有可能是在掩盖水泥地上留下的血迹。

184. 转危为安

太子一听，迅速把手中的水泼在地上，然后对国王说："陛下，我没喝完这碗水。这水已经滋润了您的土地，我肯定是无法喝到它了，请您履行誓言吧。"

185. 巧击德国侵略军

先安排甲、乙、丙3人持两张请柬进入指挥部：

甲先借口有事外出，领取

一张特别通行证；

接着，乙用甲拿出的特别通行证进第一道岗，进指挥部时用请柬的一张红票，然后也借口有事外出，领取一张特别通行证，这时乙的手中就有一张请柬的一半红票和两张特别通行证；

丙也用乙的方法获取一张特别通行证。

凭这三张特别通行证，游击队员们每批通过第一道岗哨3人，出1人，就可将个几名队员都安全通过第一道岗，埋伏起来。最后，甲、乙、丙3人再进入指挥部，交回三张特别通行证。

186. 蜘蛛告白

蜘蛛吐丝是寒潮来临的信号，这时，法兰西的军队就不用害怕荷兰的水闸放水了，因为水很快会结成冰。

187. 巧过立交桥

罗尔警长马上打开轮胎的气门，放掉了些气，让轮胎瘪一点儿，卡车就降低了高度，能穿过立交桥底下了。

188.《圣经》阅读计划

亚当斯对审判官说："我得慢慢地品味，每天一行左右。"审判官问："那不是需要几百年吗？"亚当斯说："国王陛下许可我读完《圣经》再被处死，并没有讲什么时候读完啊！"

189. 化学家的声明

吉姆让威廉以一个化学家的身份写份声明，登在报上。威廉在声明里说自己是个化学家，失窃那天晚上放在桌子上的那瓶酒里有毒，谁喝了，不出5天必定中毒身亡。他要求爱好那幅画的朋友尽快到他家服解毒药，否则会有生命危险。盗贼看了声明以后信以为真，第二天便带着那幅画自首了。

190. 谁是匪首

克莱尔探长问："你们的头目衣服怎么穿反了？"土匪们一时没有反应过来，都朝一个人看去，那个人就是土匪头子。

191. 列车上的广播

托尼探长叫乘警通过广播寻医就是要让劫宝杀人犯自动现形。当广播说9号车厢有一位病人需要抢救时，劫宝杀人犯立刻坐不住了，他要去看个究竟。当听说病人已苏醒过来时，他害怕被认出来。所以准备等火车到站后赶紧逃跑，没想到惊慌之下暴露了自己。

192. 装哑取证

琼斯觉得金发女人眼熟，终于想起这是个通缉在逃的诈骗犯。在厕所里，他装作聋哑人，让女诈骗犯把自己要钱的话写在纸上。于是，他以此为证据抓住了这个女诈骗犯。

193. 设宴抓贼

张敞以砍头作为条件，布下了一个"欺骗"计策进行破案。他让小偷头儿穿上差役的衣服上大街去逛，遇着小偷就说："我花钱在官府里买了一个差使干，今后咱哥们儿谁若是有个闪失，我就可以从里面照应了。请通知我的弟兄们，我今天晚上要在香月楼设宴庆贺庆贺！"

小偷们听了，信以为真，一传十，十传百，当天晚上全部到了香月楼。这样，这些小偷便被张敞早已埋伏的几百名差役全部抓获。

194. 电话密码

查理有时捂紧话筒，有时松开手。这样，保安处就收到了查理如下"间歇式"的情报："我是查理……现在……黑塔旅馆……和目标……在一起……请……快……赶来……"

195. 奇异的案情

警长推测，他们搏斗是在黑暗中进行的，而狼狗只凭早先沾在睡衣上的气味咬人，而这件睡衣是那位史密斯先生事先偷偷地给古董商换过的。而这一切，又都是他预谋的，所以才发生了"狗咬自己主人的怪事"。

196. 笔记本电脑不见了

迈克尔拿了丽莎的笔记本电脑。他说他昨晚一直在读一本小说。可是昨晚他们到旅馆后过了30分钟就熄灯了，他不可能读完。他一定是用丽莎的笔记本电脑在网上读完这本书的。

197. 聪明的化妆师

原来，女化妆师是仿照街上张贴的一张通缉犯人的照片来化妆的。她把通缉犯的那张脸型移到这个逃犯的脸上，怪不得警察一下就盯住了他。

因为职业关系，化妆师要广泛收集脸谱，供化妆之用。不料，她留意的一张通缉照片，竟派上了大用场。

198. "赌城"拉斯维加斯

茶壶生满了锈，无论谁摸它，手上都会留下痕迹。偷钱的人听了主人的话，心里有鬼，不敢去摸茶壶，所以手上是干净的。以此推断，手上没有锈迹的人就是偷钱的人。

199. 消夏的游客

服务员的建议是：把该人带到美容院剃成光头，三七开式的分界线就会明显地暴露出来。因为盛夏在海滨住了半月以上，分界处的头皮和面部一样会受到日光的强烈照射，头发剃光后，光头上就会出现一条深色的分界线。

200. 钢结构房间

这是一把耶鲁锁（即撞锁，此锁的门内部分没有锁洞）。佛瑞德只要转动一下门插销就可以打开门出去了。

201. 姑娘的手枪

姑娘用的是麻醉枪，她是动物园的驯兽员。

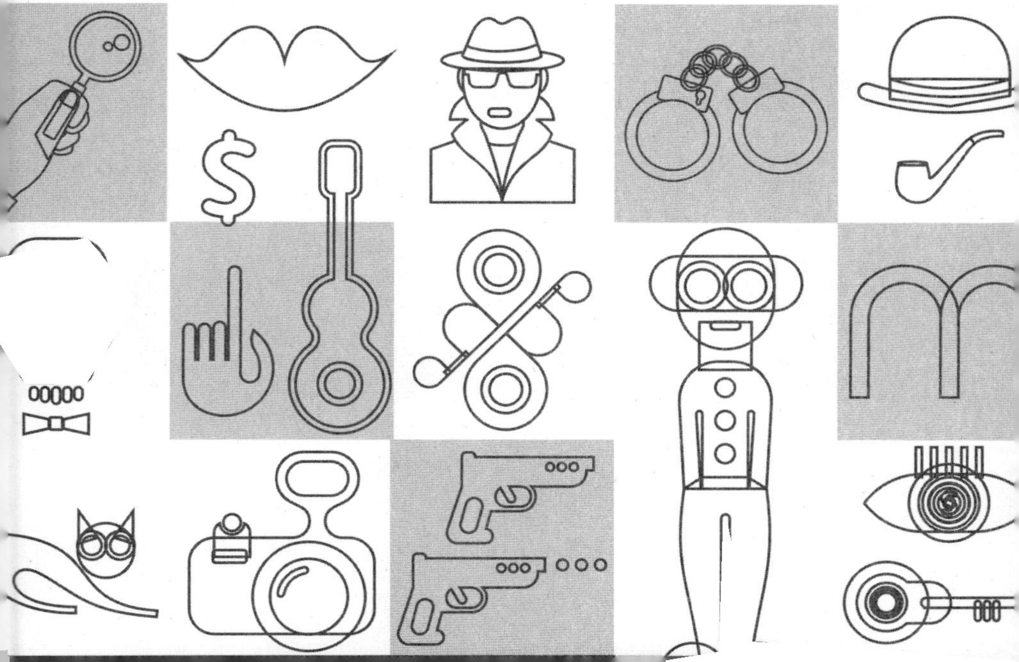